北京文博

文 丛

二〇一八年第一辑

北京市文物局 主办

图书在版编目（CIP）数据

北京文博文丛·2018·第1辑 / 祁庆国主编. —北京：北京燕山出版社，2018.6
ISBN 978-7-5402-5185-7

Ⅰ.①北… Ⅱ.①祁… Ⅲ.①文物工作－北京－文集②博物馆－工作－北京－文集
Ⅳ.①G269.271-53

中国版本图书馆CIP数据核字(2018)第132090号

北京文博文丛·2018·第1辑

出版发行：北京燕山出版社有限公司

社　　址：北京市丰台区东铁营苇子坑路138号　100079

责任编辑：姜栋栋　朱　菁　王梦楠

版式设计：肖　晓

印　　刷：北京画中画印刷有限公司

开　　本：787mm×1092mm　1/16

印　　张：8

字　　数：181千字

版　　次：2018年6月第1版

印　　次：2018年6月第1次印刷

书　　号：ISBN 978-7-5402-5185-7

定　　价：48.00元

北京文博

2018年第1辑（总91期）

怀念宿白先生

1　宿白先生与《北京文博》
　　《北京文博》编辑部

3　从朗润园到蓝旗营
　　——忆宿白先生指导编辑《北京文博》
　　陈晓苏

5　深切缅怀恩师宿白先生
　　吴梦麟

8　永远的大师
　　——忆宿白师的几桩往事
　　靳枫毅

11　忆宿白先生二三事
　　崔学谙

13　追忆我考古人生重要的引路人——宿白先生
　　黄秀纯

15　宿白先生谈法海寺
　　苗天娥

北京史地

17　延庆元代四海冶路初探
　　杨程斌

24　北京正阳门关帝庙建置沿革考
　　张云燕

34　明清护国寺的古建布局
　　陈平

文物研究

48　宋金元壁画墓中墓主夫妇图像的流变及象征意义再思
　　黄小钰

56　明清社稷坛祭坛坛土保护及土源研究
　　盖建中　李羽

主办单位：北京市文物局
编辑出版：《北京文博》编辑部
　　　　　北京燕山出版社
网址：http://www.bjmuseumnet.org
邮箱：bjwb1995@126.com

目录 | Contents

61 北京国子监现存明嘉靖二十三年甲辰科进士题名碑刻碑时间考
　　张 璟

71 华美的清代乾隆时期雕漆
　　——兼赏几件北京艺术博物馆藏清代雕漆
　　胡桂梅

77 北京市文物局图书资料中心藏乾隆石经拓本研究
　　王琳琳

考古研究

87 密云新城0306街区B地块唐墓发掘简报
　　北京市文物研究所

93 北海万佛楼遗址发掘简报
　　北京市文物研究所

103 关于考古田野调查的方法与实践
　　——以美国怀俄明大学人类学系考古调查为例
　　姚 庆

博物馆研究

108 行业智慧博物馆建设的思考与探索
　　黄 虎

文物保护

115 北京长城文化带建设给延庆带来的机遇与挑战
　　范学新

文献资料

120 北京市文物局2017年四季度文博事业大事记
　　北京市文物局办公室

声 明

为适应我国信息化建设、扩大本辑刊及作者知识信息交流渠道，本辑刊已被《中国学术期刊网络出版总库》及CNKI系列数据库收录，作者文章著作权使用费与本辑刊稿酬一次性给付。免费提供作者文章引用统计分析资料。如作者不同意文章被收录，请在来稿时向本辑刊声明，本辑刊将做适当处理。

《北京文博》编辑委员会

顾　问：李学勤　吕济民
主　任：李伯谦
副主任：舒小峰　孔繁峙　王世仁
　　　　齐　心　马希桂　吴梦麟
　　　　信立祥　葛英会　靳枫毅
　　　　郭小凌

编委会委员：（以姓氏笔画为序）

于　平	王　丹	王　岗	王丹江
王玉伟	王有泉	王培伍	王清林
卢迎红	白　岩	向德春	刘素凯
刘超英	齐东发	关战修	许　伟
许立华	宋向光	杨玉莲	杨曙光
李　晨	李建平	肖元春	吴志友
何　沛	张德华	范　军	赵建明
哈　骏	侯兆年	侯　明	郗志群
徐　丽	高小龙	高凯军	郭　豹
崔国民	韩　更	韩战明	谭烈飞
薛　俭			

主　编：祁庆国
执行主编：韩建识
编辑部主任：高智伟
本辑编辑：韩建识　陈　倩
　　　　　高智伟　康乃瑶　侯海洋

Beijing Cultural Relics and Museums

No. 1, 2018

MISS MR. SU BAI

1   Mr. Su Bai and Beijing Wenbo
by Editorial Department of Beijing Wenbo

3   From Langrunyuan to Lanqiying: Recalling Mr. Su Bai Guide me to Edit Beijing Wenbo
by Chen Xiaosu

5   Deeply Cherish the Memory of My Respected Teacher Mr. Su Bai
by Wu Menglin

8   Forever Master: Memory of Several Past Events about My Teacher Subai and Me
by Jin Fengyi

11   A Recall of the Important Guide of My Archaeological Life: Mr. Su Bai
by Huang Xiuchun

13   Memory of Two or Three Things about Mr. Su Bai
by Cui Xuean

15   Mr. Su Bai Talked about the Fahai Temple
by Miao Tian'e

HISTORY AND GEOGRAPHY OF BEIJING

17   Preliminary Exploration of Sihaiye Road of Yuan Dynasty in Yanqing
by Yang Chengbin

24   Study on the Construction and Evolution of Guandi Temple at the Zhengyang Gate of Beijing
by Zhang Yunyan

34   Ancient Architecture Layout of Huguo Temple of Ming and Qing Dynasties
by Chen Ping

CULTURAL RELICS RESEARCH

48   Rethinking of Rheology and Significance of Tomb Owner Couple Images in Murals of Song and Yuan Dynasties
by Huang Xiaoyu

56   Research of Protection and Resource of the Soil in Sacrificial Altar of Land and Grain Altar of Ming and Qing Dynasties
by Gai Jianzhong, Liyu

61   Study on the Inscribing Stele Time of the Monument to the Title of Jinshi of Examination in Year of Jiachen, the 23rd Year of Ming Jiajing Existing in

Organizer: Beijing Municipal Administration Bureau of Cultural Heritage

Edited and Published by the Editorial Department of Beijing Wen Bo, Beijing Yanshan Press

URL: http://www.bjmuseumnet.org

E-mail: bjwb1995@126.com

目录 | Contents

Confucian Temple of Beijing
by Zhang Jing

71 The Gorgeous Lacquer during the Qianlong Period of the Qing Dynasty: Simultaneously to Appreciate Several Lacquers of Qing Dynasty Collected in the Beijing Art Museum
by Hu Guimei

77 Research of the Book of Rubbings of Qianlong Stone Scriptures Collected in the Books and Data Centre of the Beijing Municipal Administration Bureau of Cultural Heritage
by Wang Linlin

ARCHAEOLOGICAL RESEARCH

87 Brief Report on Excavation of Tombs of Tang Dynasty in Lots B,Block 0306 of Miyun New Town
by Beijing Cultural Relics Research Institute

93 Brief Report on Excavation of Tower of Ten-thousand Buddha Site of Beihai
by Beijing Cultural Relics Research Institute

103 On the Method and Practice of Archaeological Field Investigation: A Case Study of the Archaeological Investigation of Department of Anthropology, University of Wyoming, USA
by Yao Qing

MUSEOLOGY RESEARCH

108 Thinking and Exploration of the Construction of Industry Wisdom Museum
by Huang Hu

CULTURAL RELICS PROTECTION

115 Opportunities and Challenges for Yanqing from the Construction of the Great Wall Cultural Belt of Beijing
by Fan Xuexin

DOCUMENTS AND MATERIALS

120 Chronicle of Events Concerning Cultural Relics and Museums of the Beijing Municipal Administration Bureau of Cultural Heritage (4th Quarter of 2017)
by Office of Beijing Municipal Administration of Cultural Heritage

---

Editorial Board of *Beijing Wenbo*

Advisors: Li Xueqin, Lü Jimin

Chairman: Li Boqian

Vice-chairmen:

Shu Xiaofeng, Kong Fanzhi, Wang Shiren, Qi Xin,

Ma Xigui, Wu Menglin, Xin Lixiang, Ge Yinghui,

Jin Fengyi, Guo Xiaoling

Members:

Yu Ping, Wang Dan, Wang Gang,

Wang Danjiang, Wang Yuwei, Wang Youquan,

Wang Peiwu, Wang Qinglin, Lu Yinghong,

Bai Yan, Xiang Dechun, Liu Sukai, Liu Chaoying,

Qi Dongfa, Guan Zhanxiu, Xu Wei, Xu Lihua,

Song Xiangguang, Yang Yulian, Yang Shuguang,

Li Chen, Li Jianping, Xiao Yuanchun, Wu Zhiyou,

He Pei, Zhang Dehua, Fan Jun, Zhao Jianming,

Ha Jun, Hou Zhaonian, Hou Ming, Xi Zhiqun,

Xu Li, Gao Xiaolong, Gao Kaijun, Guo Bao,

Cui Guomin, Han Geng, Han Zhanming,

Tan Liefei, Xue Jian

Editor-in-chief: Qi Qingguo

Executive Editor: Han Jianshi

Director of the Editorial Office: Gao Zhiwei

Managing Editors of this Volume:

Han Jianshi, Chen Qian, Gao Zhiwei, Kang Naiyao

Hou Haiyang

宿白先生与《北京文博》

《北京文博》编辑部

1978年11月28日，北京市文物事业管理局组建成立，首都北京的文物事业进入了一个新的历史时期。特别是20世纪90年代，北京市的文物事业迎来了全面发展时期，各项文物工作全面推进。在这个大的时代背景下，为了宣传国家的文物方针政策，研究首都文物保护工作的规律，开展文博学术研究，培养年轻的文物工作者，《北京文博》应运而生。

1995年初《北京文博》期刊开始筹备，按照市文物局党组的部署成立了《北京文博》编辑委员会，盛邀在文博界享有威望的宿白先生担任《北京文博》编委会主任，与此同时力邀侯仁之、单士元、苏秉琦三位先生作为编委会顾问。因为宿白先生是国内考古界的学术权威，德高望重，而且对北京地区文博事业一直非常关心，所以市文博系统内外人士都非常赞成宿先生担任《北京文博》编委会主任。1995年4月，《北京文博》编委会成立大会如期举行（图一），时任北京市文物局局长的单霁翔介绍了北京市文物工作的情况，苏秉琦先生和宿白先生亲临会议（图二），对《北京文博》的创办寄予了殷切希望。

当时宿白先生70多岁，精力充沛，刊物筹备时期，主编及编辑部主任就相关问题多次到北大朗润园宿白先生家拜访请教，宿白先生对于《北京文博》的办刊宗旨、定位和栏目设置提出指导性意见，从而奠定了刊物栏目设置的基础，并且为刊物撰写了发刊词。2005年《北京文博》创办10周年时，宿先生亲自为《北京文博》题词——"知古论

图一　《北京文博》编委会成立留影（前排右三为宿白先生）

图二　苏秉琦先生和宿白教授（右一）

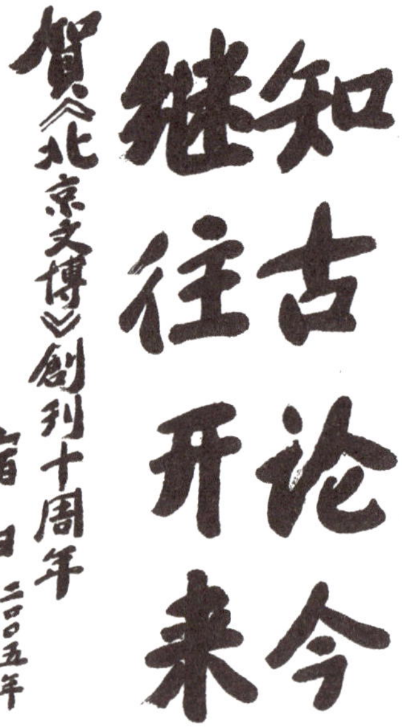

知古论今，继往开来

贺《北京文博》创刊十周年

宿白 十一月五日

图三 宿白先生给《北京文博》题词

图四 宿白先生在审阅稿件

今、继往开来"（图三），鼓励和鞭策我们做好编辑工作。

宿白先生非常关心《北京文博》的编辑工作，每年编辑部人员去看望宿白先生时，他都会对全年刊物的部分稿件进行点评，并询问编辑部人员情况、作者的来稿情况，提出建议。在组稿来源与作者队伍方面，宿先生要求我们重视区县的作者队伍，要多约区县同志的稿件。这一建议拓宽了编辑人员的工作思路，很好地指导了刊物的编辑出版工作。宿先生强调考古类稿件组成要全面，要配相关图片和线图。宿白先生在与编辑部人员谈到考古资料与历史文献的关系问题时，强调"考古资料和历史文献并重，均不可偏废"，令编辑部的同志深受启发，这成为了编辑部编辑稿件的原则（图四）。

宿白先生一直关心《北京文博》编辑部的队伍建设。有一次他在询问了编辑部成员所学专业后，提出编辑部没有学考古专业的人员，对考古类稿件的把握会有所欠缺，建议增加学习考古专业的编辑力量，完善刊物编辑的专业构成。宿先生还要求我们多参观考古工地，多学习考古专业知识。宿白先生要求我们做科研，通过科研提高编辑组稿、约稿水平。宿先生还对编辑部科研工作提出很多具体意见。我们曾经对编辑部所承担的课题项目"1949年以来北京城区寺观变迁研究"向宿先生请教，他一针见血地指出问题所在，建议我们界定研究范围、有针对性地开展深入研究，为课题指明了研究方向。

宿白先生还为帮助刊物提升稿件的学术性无私地提供学术资源。他为审阅一些专题稿件推荐该领域的著名专家，如元大都研究方面的徐苹芳先生等，并为编辑部推荐有关北京史地研究内容的稿件。正是有宿白先生为《北京文博》挂帅，使得我们能够邀约到一批高质量的学术文章。

宿白先生是矢志不渝、读书报国的爱国学者，是杰出考古教育家、新中国考古教育体系的创建者，是贯通古今、学贯中西、中国历史时期考古学的开创者和集大成者。宿白先生任《北京文博》编委会主任二十三年期间，先生对刊物和编辑部同志关爱有加，先生的教诲一直是我们不断提高刊物质量的动力，我们永远怀念宿白先生！

从朗润园到蓝旗营

——忆宿白先生指导编辑《北京文博》

陈晓苏

我与宿白先生结缘于《北京文博》。

1995年《北京文博》创刊,年初,我与编辑部同仁到位于北京大学朗润园的宿白先生家拜访,那是偏处于北大校园东北一隅的几栋红色宿舍楼。沿着一条小溪,绕过一潭湖水,来到红砖楼前,登上3层楼。西边的门里迎出来的宿先生高大儒雅,他与我们一一握手,我们一行人恭恭敬敬地入屋落座。我环视屋内抬头低头间,满眼除了书还是书,宿先生就陷在书海中。听我们谈刊物筹备、谈北京文博界近况、谈所有我们感兴趣的话题。宿先生遇有新访的年轻人,总爱询问毕业于何校,当听说我毕业于北京师范学院历史系七七级时,笑问是否认识宿志丕,我说她是我大学同窗。我们相视而笑,之前的拘谨消减了不少。以后的二十三年中,我们每年的春节前都要到宿先生家汇报工作,听取意见,加上拜年,渐成编辑部的惯例。遇有工作中需要请示讨教的问题,我们也专程登门,慢慢地我与宿先生熟稔起来。

我记得1995年4月的一天,正是海棠花绽放的季节。在东城区府学胡同36号北京市文物局的院内召开《北京文博》编委会的成立大会,《北京文博》的主编张展主持会议,时任北京市文物局局长的单霁翔介绍了北京市文物工作的情况,各位到场的编委就办刊宗旨、服务对象、栏目设置等相关内容发表了意见建议。我们有幸请到了文博界的老前辈——德高望重的苏秉琦先生和宿白先生莅临,组成了《北京文博》编委会,聘请了侯仁之先生、单士元先生、苏秉琦先生为编委会顾问,宿白先生作为编委会主任一直任职到他去世,整整二十三年!

在二十三年的交往中,宿白先生从刊物的办刊定位、编辑人员的专业配备、文博稿件的必备要素,到作者队伍的拓展等给予多方指导,为《北京文博》出谋划策,尽心尽力(图一)。我记得当初就刊物的办刊定位,即办成纯学术性还是学术论文与工作研讨并重的问题,编委会中曾有不同意见,最后宿白先生支持了后者,这在刊物的栏目设置上体现并坚持下来。他曾不止一次说到,文博类杂志一定要多多上图,文物的描述有时往往不及实物图片和线图来得明白直接,尤其在考古简报

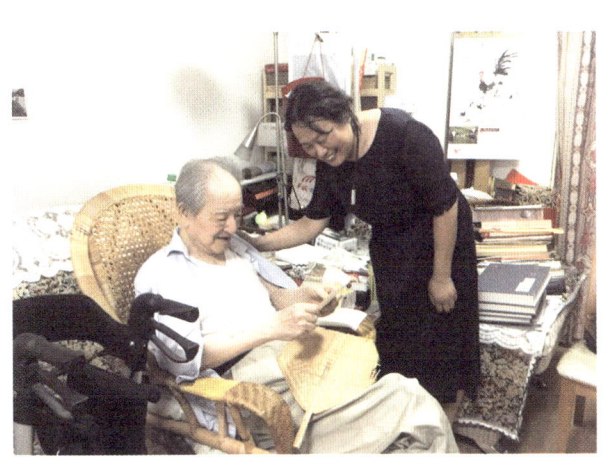

图一 2017年夏,作者在蓝旗营宿白先生寓所拜访请教

中，照片和线图是重要组成部分，这也成为《北京文博》征稿时格外强调和要求的。而且，从《北京文博》创刊号开始，我们就设置了前后彩插页，在没有美编摄影人员、稿源困难的条件下，一直坚持着当初宿先生提倡的这一做法，使得彩插页在《北京文博》的可读性和信息量上得到延展。在谈到《北京文博》的作者队伍时，他提醒我们要面向区县的基层文物工作者，要扩大局属单位以外的作者队伍，并推荐我们向徐苹芳先生约稿、请教。之后，《北京文博》编辑部有意识地关注区县文物工作者的业务成长，积极扶持和鼓励他们，在《北京文博》作者队伍壮大的同时，也为区县文物事业的发展涵养和储备了人才。宿白先生非常关注《北京文博》稿件的地域性和研究质量。记得2004年初，我忽然接到宿白先生从家里打来的电话，原来是他把他的博士生李志荣的论文《明清顺天府府署考》推荐给我们，论文从实地调查到文献碑刻考证了顺天府的沿革、府署布局及元明清的建筑形制，并配有相关的大殿照片、文献地图，为《北京文博》搜集了高质量的学术论文。

在《北京文博》发展的每个重要时刻，宿白先生都义不容辞地为刊物站脚助力。1995年《北京文博》创刊，宿先生为刊物写就发刊词，热情宣传和支持这本地方文博刊物，并对之寄予厚望。2005年是《北京文博》创刊十周年，我们请宿白先生为刊物题写寄语贺词，不日，我们从蓝旗营宿先生家取回了他遒劲有力的亲笔题词"知古论今，继往开来——贺《北京文博》创刊十周年"。

2012年8月，宿先生90寿诞，编辑部与吴梦麟老师前去给他贺寿，那天他像往常一样，招呼我们进屋落座。满屋里摆满了鲜花，宿先生精神矍铄地同我们聊这聊那，愉快地度过了一段下午时光。

二十三年，宿白先生与《北京文博》一起走过，二十三年，从朗润园到蓝旗营……我们有幸在先生的关怀下做《北京文博》的编辑工作，亲耳聆听先生的教诲，得到先生的点拨和引导，从而在编辑工作中受益良多，我们将永远怀念宿白先生！

（作者单位：北京市文物局图书资料中心）

深切缅怀恩师宿白先生

吴梦麟

2018年2月1日清晨不到七点钟，电话铃声响了，一位友人告知恩师宿白先生已于六时零五分因病辞世，噩耗传来使我顿时浑身发麻，不能自己。因为前些天还曾有过联系，想不到今竟成永诀，实难接受这一现实，不由得往事涌上心头。以下我从与先生的接触谈谈此时的心情和往昔的记忆。

首先，1956年9月我考入了北京大学历史系并于次年选择了我梦寐以求的考古专业，达到了我要终身为考古事业奋斗的夙愿。在校五年，接受了多位名教授的授课和教导。考古专业除了按时代顺序接受专业课的知识，还邀请了社会上著名教授来讲课，如民族学院林耀华、美术学院金维诺、古脊椎所杨钟健、裴文中、贾兰坡等先生的授课，扩大了学子们的视野和学识。当然最主要的知识还是来自本专业老师的教诲，从旧石器时代开始按年代分门别类上课，即从吕遵谔、李仰松、苏秉琦、俞伟超、宿白和讲石窟寺的阎文儒先生等，他们的讲课风格各异、内容丰富、讲授精彩，让学生们得到了课堂上的享受，至今仍萦绕在我的脑海中。其中阎文儒、宿白先生率领我们实习的情景令我永世不忘。那是1960年秋冬，当时正值国家经济困难，人们只能按定量吃饭，大同天气比北京更寒冷，两位先生不畏困难，冒着北国的寒风，在现场授课，先后参观了多处古建和石窟寺，如云冈、上下华严寺、应县木塔等，他们白天讲课，考核学生，晚上还同吃同住，师生之情血浓于水。当时的拍照和记忆我是永世铭刻在心中的。宿先生主要为我们讲古代建筑的历史和法式特点，将自己的知识毫无保留地传授给我们，成为我们以后工作的知识储备。田野实习是考古专业必须接受的训练，否则就不成为考古专业，我们以能够近距离聆听老师授课而感到无比荣幸。五年的专业学习为我后来在文物部门工作打下了基础，让知识指导了我的工作。本来我喜欢搞旧石器时代考古，但进入北京市文物工作队后，当时正值国务院公布第一批全国重点文物保护单位，而北京的18项国保又多为古代建筑，组织上安排我做国保单位的"四有"工作，当时没有不服从分配的念头，很快投入到这项工作之中，一直沉浸在田野调查和阅读文献后的享受之中。宿先生特别关注北京市和全国重要城市历史风貌和格局的保护，从理论上指导了我们的具体工作。

另外我还有多次机会与先生近距离地学习。比如"文化大革命"期间曾在故宫慈宁宫搞了一次"无产阶级文化大革命出土文物展"，我有幸被指派当讲解员。当时展出了很多震惊国内外的新文物，因为人们被禁锢多年，能搞自己的专业，分外高兴，如同沐浴到春天和煦的气息。记得王冶秋局长请了宿先生指导此展览，并要在恢复《文物》杂志时，报道这批文物。先生从北大家中来到故宫慈宁宫前的几间破烂平房中，那时故宫还未向群众开放，先生默默无闻地坚守岗位，深入研究各类出土文物，如河北满城西汉刘胜夫妇的金缕玉衣、陕西西安何家村窖藏的金银器、湖北出土的乐器石磬、新疆吐鲁番出土的唐代文书和唐代糕点等。当时搞这次展览旨在利用文物为现实服务，但毕竟文物是具有三大价值的历史遗物，诠释这些文物需要专业上有权威性的学者。其时王冶秋局长慧眼独具请出宿先生是十分恰当的，因为此任非先生莫属。我们在讲解中从先生处学到不少知识，也为此展的出台注入了最科学、最专业、最权威的论证。此后周总理同意在展览的基础上搞出国文物展，要求从全国调运2000件珍贵而有复品者，成为当时文物界的一件大事。先生需要查阅有关材料，因我爱人徐自强也是学考古的，在北京图书馆（今国家图书馆）善本部金石组工作，先生就让帮助查阅材料。我高兴得不得了，一是先生对我的信任，二是我也能借此学到知识。先生那种严谨的治学态度令我敬佩。先生一生勤于著述、慎于刊布的作风是人人皆知的，我也确实深刻体会到了这点。此两次展览在"文化大革命"未结束前成功地举办确实不一般，先生做出了极大贡献。

先生是最早将古代建筑纳入考古领域，并致力于将历史时期考古学的理论方法应用于古代建筑的调查研究，注重古建筑的断代分期、分区和类型，使古代建筑成为历史文化研究的可靠实物例证，成为不可缺少的史料，引领了中国古建筑研究的新方向。在北京，他领我们参观过孔庙国子监、雍和宫等。记得在孔庙先师门前为多个年级考古专业学生讲解其斗拱的特点，引导学生们要从多方面观察，强调不能只看到部分特点就定其为元代建筑。先生在中外文明交流领域也成绩卓著，他以渊博的学识和宏阔的视野，辨明众多的外来文物，探讨了中外文明的相互影响，成为运用考古材料研究中外文明交流的指导者。北京作为古都，地上地下都保存了丰富的文物遗存，尤其隋唐以后更应关注。记得上世纪80年代至90年代时他就委托徐苹芳先生找我，要考察房山十字寺。考察那天去了不少学者，如徐苹芳、于杰、天文馆伊世同等，我也有幸能够在现场听到了不少讲解的知识，提高了我对该遗址价值的认识。南京博物院已将古物南迁时的十字寺镌有叙利亚文和瓶花图案的石雕列为馆藏珍贵文物，北京的遗址也被列为国保单位，填补了北京文物的类别。先生对出土的元代文物十分关注。1998年曾在西直门南国务院第二招待所处出土一尊元末的真武像。我向他汇报后，他极为兴奋，认为此石雕为当前最早的真武像，铭文极其重要。真武像在石刻博物馆改陈时被送入库房，我遵照先生的意见，力主说服馆领导，将这一重要石雕陈列出来。上世纪90年代时石景山区发现一座西晋墓，出土了北京地区很少见的文物，如一个四坡顶的石屋，室内三壁绘主人宴饮和牛耕的场景，主人身后有持麈尾的侍者。这与朝鲜和辽阳出土的壁画也有相近之处，再加上出土的其他器物，宿先生和杨泓先生认为其为西晋墓，是北京继出土华芳墓后的又一重要发现。这是我亲历先生分析出土文

图一　宿白先生为"房山石经题记整理项目"书写推荐意见

物的又一事例,后来在打击盗窃石刻文物时也见到类似石屋,引起了我们的注意,坚决将其没收入库。

先生对学生的关怀是无微不至的。我爱人徐自强与张永强编辑出版的《敦煌莫高窟题记汇编》和我与张永强合作编辑的《北京房山石经题记的整理与研究》已先后列入国务院古籍整理项目(图一),并出版了前一部,后一部正在编辑中,2018年将付梓。先生不顾年老体弱,为我们用毛笔书写了墨宝书签(图二),并叮嘱编辑时要认真、仔细,不要出现失误,我们记住了先生的谆谆教导,努力完成。先生住在燕园,多年来一直对北京的皇家园林既熟悉又关注。我与圆明园年轻业务骨干陈辉共同争取到市文物局的认可,将相关研究成果命名为《三山五园的石刻文化》,也得到先生的首肯,2018年将付梓,成为"三个文化带"课题的补充。

总之,近年来我争取到与先生的多次见面机会,每次向他汇报我的一些近况时,他像父亲一般指导我,我从先生处受到的恩泽一生受用无尽。愿您在天堂仍为一座永远闪烁光芒的灯塔,指引着考古学子们前进的方向。

(作者单位:北京石刻艺术博物馆)

图二 宿白先生为作者著作题写的书签

永远的大师

——忆宿白师的几桩往事

靳枫毅

近几年,我考虑宿白师已谢绝外出参加各种活动,习惯在自家静养,便不敢再轻易地去打扰他。但每逢我碰到他的研究生杭侃、秦大树、韦正等先生时,总会向他们打听宿白先生的近况,他们总是跟我说:"先生一切都好,没有问题。"直到2018年1月19日,杭侃院长来我所开会,我们俩挨着,我又向他询问宿白师的近况,他依然跟我说:"先生身体状况挺正常,头脑很清楚,天好时还常让他女儿推着轮椅到室外转转,晒晒太阳。"这让我很放心、很高兴。可谁能料到,杭院长跟我说完此话还不过12天,宿白师竟驾鹤西去!

一颗璀璨的学术巨星骤然从银河上陨落了!宿白师的逝世,是中国考古学界和文博界无可弥补的重大损失。他在中国历史(自秦、汉、魏、晋、南北朝至隋唐五代宋元)考古学和宗教考古学理论与方法研究上,以及版本目录学等学术领域,所具备的"通儒"造诣和所达到的学术高峰,界内迄今无人可以企及,未来几十年内也难以有人超越!他留下的学术研究空白,短时期内将难以填补!

2018年2月5日上午,来自全国各地文博考古界的数百名师生及来宾,冒着初春的严寒,齐聚北京八宝山,向敬爱的一代考古学大师、杰出的考古学教育家宿白先生告别。我与同窗葛英会、李健民、挚友北京市文物局文物处处长王有泉、北京市文物局图书资料中心主任祁庆国排在一起,跟随长长的队伍,在沉痛的哀乐声中含泪向静卧在鲜花丛中的宿白师遗体三鞠躬!

我初识宿白师,是在1963年我考入北大历史系考古专业不久的一次师生见面会上,宿白师不凡的儒雅气度给我留下了深刻的印象。1966年我们班正待上隋唐考古课时,突然刮起了"文化大革命"风暴,使我们失去了听宿白师授课的机会。

后来我被分配到辽宁省朝阳县,不久被调入朝阳地区博物馆考古室工作,发掘了一批隋唐辽金时期墓葬,因缺乏参考书,碰到的很多问题说不清楚。

1974年10月下旬某日下午,我冒昧地来到北大未名湖后身的宿白师寓所,向先生请教了闷在我心里两三年的朝阳隋唐墓的几个问题。先生那天很忙,正在赶写一篇稿子,但他丝毫没有不耐烦。他首先请我坐下,并给我沏上一杯茶,一边听我说,一边仔细地看着我带来的照片,然后认真地解答了我提出的所有问题(共五个问题),还给我开出六本书目,并注明其中三本在中国科学院图书馆,另三本在考古所图书室,可去查阅。先生最后还勉励我:朝阳自古以来就是东北唯一的一座军事重镇;大凌河历来是中原和北京通向东北的最重要的通道;朝阳汉代为柳城郡治所,前燕慕容皝看中那里是福德之地,遂建都于此,称龙城;唐代为营州治所,征伐高丽时将营州作为转运粮草和调兵遣将的大本营。朝阳唐墓多,历代文物多,不是偶然的。在朝阳地区搞考古,有得天独厚的优越条件,希望我好好干,做出成绩来。我向先生告辞时,先生还特意送我到大门口说:"以后有什么问题可随时来,要是人不能来,可写信来!"离开宿先生后,我看了一下手表,已四点半。我第一次与宿先生接触、交谈,竟不知不觉耽误了老师整整两个小时,心中甚感自责与不安!翌日,我便去了中国科学院图书馆和考古所图书室,果然查阅到宿先生给我开出的那六本书!

1978年10月中旬某日早晨八点,我刚进考古所图书室,就看见宿白师正在专心地看书,我很惊讶,他并未抬头看进来的人是谁,我赶紧到先生跟前问好,打个招呼。宿白师一看是我,微笑着示意让我在他旁边的椅子上坐下。他说今天是来参加考古所学术委员会会议的,特意早到一会儿,顺便借两本书。然后问我,来报到儿天了?读东北考古研究生,都开了哪几门课?然后叮嘱我:一定要学会带着问题去读书,这样收效才会大;要把基础尽量打宽些,打厚些,这方面要向佟先生学习;如能抽出点时间,抓紧把在朝阳那几年调查和发掘的材料整理出来,写几篇文章发表最好;东北考古目前存在的问题较多,要关注新发现、新材料,从中筛选有价值的课题,多下点功夫,进行深入研究,力求有所突破。宿白师的叮嘱,成为我后来三年学习生涯的指南。

1981年6月30日上午,宿白师又来考古所参加所学术委员会会议,讨论通过考古所1978~1981届硕士研究生学位授予资格及毕业论文答辩结果。科研处通知我们六名研究生都到夏鼐所长办公室前面等候,过一会儿将与考古所十位学术委员会委员(夏鼐、苏秉琦、宿白、张政烺、佟柱臣、王仲殊、安志敏、石兴邦、张长寿、仇士华)照毕业合影。我见宿白师从会议室走出来,赶紧上前给他鞠了一躬,并向他问好,宿白师很高兴,对我说:"三年寒窗,不容易,你的论文写得不错,可以毕业了!往后不论安排到哪个队工作,都要好好干,干出点成绩来!"合影时,夏鼐所长位于前排正中,其左侧第一人即为宿白师,右侧第一人为苏秉琦师,可见宿白师在夏鼐所长心目中多重要,其学术地位何其高!我一直把这张合影照片挂在家里客厅的正中墙壁上,为的是我能经常见到这些大师,永远地记住他们!

2001年10月31日上午,我邀请宿白师来圆明园长春园含经堂遗址参观,并指导我们的发掘与对外展示工作。宿白师很高兴地看了含经堂遗址全貌和出土器物展览,然后又走到含经堂北门外的得胜概遗址,向正在发掘和绘图的技工提问并作指导(图一)。最后在陈列室又认真为我们题辞:"圆明园遗址具有重要的历史价值,希望做好规划,切实做好保护工作。"

2002年正月初三上午,我去给宿白师拜年,顺便冒昧地向宿白师提出一个请求:"我想请您为我已经编撰完成的《军都山墓地》发掘报告题写书名,可以吗?"宿白师听后马上就点头说:"可

图一 宿白先生(右二)视察得胜概工地

以。你给我写个字条,省得我记错或写错了。"又问我:"书稿全都写完了?"我答:"早就写完了,已经定稿。"宿白师说:"那好,过了年你就来取吧。"过了春节没几天,黄秀纯先生在所里碰到我,告诉我说:"你请宿白先生题的字,宿先生已经写好了,他让我转交给你,你就不用再跑去取了。宿先生特别给你写了横、竖两种版式,这样便于你和出版社选择。你说宿先生对你多够意思!考虑得多周到!"我打开一看,宿白师确实在宣纸上非常认真地写了横、竖两种版式"军都山墓地"(图二),笔力遒劲,雍容大度,一派大家风范。两式我都喜欢,文物出版社的编辑最终选择了竖式,书印出来之后效果很好。大师的题签,为这部报告增添了很多光彩。

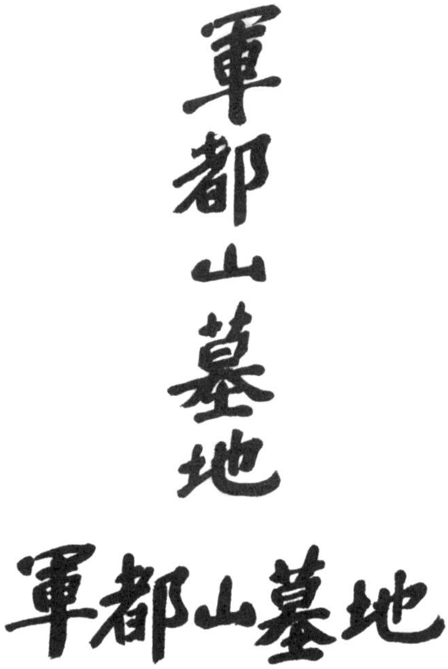

2002年5月3日下午,我在我的两位同事协助之下,抬着一个大花篮,双手捧着一大盒生日蛋糕,上面写着:"恭贺宿白师八十华诞",去宿白师在蓝旗营的寓所,送上了我们的一份真诚的祝福。

2010年12月31日,《军都山墓地》发掘报告(玉皇庙)(葫芦沟与西梁垙)全六册出齐,我从文物出版社立即取出一套,请同事王继红同志开车,直奔蓝旗营宿白师寓所,将这套封面上印着宿白师题签的报告,在第一时间首先呈献给敬爱的宿白师,以表达学生的衷心感谢!

宿白师桃李满天下,学生、弟子数以

图二 宿白先生为《军都山墓地》题写书名

千计,我只是其中极为普通的一员。尽管我与宿白师没在一个单位,接触、交往的机会很少,而且都是很平凡的小事,但这一桩桩普通的平凡的小事,却让我这个小字辈倍感亲切和温暖,让我真切地感受到一位大师对一个晚生的无私关怀、爱护、期望与信任之情。学生仅以此文缅怀尊敬的宿白师。宿白师是我心中永远的大师!大师风范永垂千古!

(作者单位:北京市文物研究所)

忆宿白先生二三事

崔学谙

宿白先生走了，在鸡年岁末的严冬走了。

他的离去，是中国文博界的重大损失，更使我们失去了可敬的严师和敦厚的长者。先生何忍辞世去，学有疑难可问谁？站在北大红五楼宿先生灵堂，面对着鲜花丛中安放的宿先生遗像，我悲从中来，不禁失声。我亲身经历的向宿白先生聆教的桩桩往事涌上心头。

我是上世纪90年代以后才有更多机会接触宿白先生的，在此前，只是偶有接触。1964年，我考入了北京大学历史系考古专业学习。当时的北大正在搞"四清"，使刚刚迈进大学校门的我感到迷漫着令人窒息的"极左"气氛，专业学习被弱化，"思想革命化"成为主课。一年半之后，"文化大革命"灾难爆发，专业学习则全面停止。在那种情况下，宿白先生的课程也受到影响。只记得第一次见宿白先生是他在考古绘图课堂上亲自视看指导绘图。余下的就是在"史无前例"的运动中对宿白先生的一些零散印象了。他们这些老先生在那种年月的处境是可想而知的。

更多地接触了解宿白先生是1992年我调任首都博物馆业务副馆长以后，由于工作之需请教宿先生。印象很深刻的一次是首博在白塔寺举办"万佛展"。由于佛造像展涉及许多艰深的佛教知识，而这方面自己心里没底。于是在吴梦麟老师的建议下，我们请来了宿先生审查指导。记得宿先生在展厅门口就说："对佛造像我不懂，这方面你们要找故宫的王家鹏先生，人家那是研究这方面的专家，不仅在故宫，人家还去西藏和国外去研究考察。"进展厅后，宿先生审看了已经成形的展览。每到一展柜前，都会就展柜内的佛造像谈及很多意见，从造型、年代、特征一一道来。记得在蒙古地区佛造像展柜前，宿先生说："你们这样摆放年代序列有什么根据？有发掘出土实物和文献依据吗？我就怀疑。"这一次求教印象深刻，让我领略了什么是大家。宿先生是中国石窟寺研究的专家，有专著出版，向被业界奉为圭臬。他说自己不懂佛造像，只能说明先生对学问研究之深，对学术问题绝不含糊。更多地了解宿先生是在首博新馆建设之时。首博新馆基本陈列"古都北京"是整个新馆展览的根基和灵魂，至关重要。基于这种考虑，我们约请了近百名专家审看展览大纲，又聘请了宿先生、徐苹芳先生（时任中国社科院考古所所长）、曹子西先生（时任北京社科院副院长、历史所所长）三位著名学者为"古都北京"展览大纲的终审专家（图一）。由于我直接负责大纲撰写

图一　宿白先生（中）亲临首博指导新馆陈列大纲编写工作

工作，所以能多次聆听宿白先生的指教。先生对陈列大纲审看极其认真、极其严格。在大纲文本上凡有疑问，或说明不严密，或错讹遗漏之处，先生都用铅笔划道标出，或简单写上几字标示。我保留着一份先生审看的文本，并有一份2005年6月17日在先生寓所记录的先生对大纲文本的具体意见。宿白先生去世后，我又将这两份文件找出来看了两遍，深感先生学识渊博、治学严谨，容不得半点含糊。一般专家审看文本，都是提几条原则性意见或建议。宿先生则不然，从大纲主题定位、内容中心把控、资料的真伪可靠与否、有无遗漏、文字表述是否准确，一一把关，指出存在的问题和瑕疵。如原大纲文本中说战国时期燕国"富冠海内"，先生质疑："是吗？"文本中说道家"祈福求仙"，先生指出："用词不对，因为道家不是祈福求仙。"展品中有一青瓷用具，文字介绍是"青瓷灌药器"，先生说："你们怎么能肯定就是灌药的？"文本在辽代有说明："辽的城门、宫门向东"，先生则问："根据是什么？"对于唐墓中"人肖俑"的说明文字，先生指出："唐墓人首兽身俑不是北方少数民族的，恰恰是中原的，这段说明文字不对。"大纲"辽代"部分分量不够，先生回忆说，上世纪60年代搞"四清"时，顺义天竺对面有个楼台村，有几个高台子，平整土地时发现了许多瓦当，黑色的。《辽史》上记载这里有行宫。有没有可能你们去拍个照片……类似上述纠错补充之处，据笔者记录有24条之多！今天再看当年的审阅文本和记录，感慨良多。对我来说，这是教诲，这是教材，这是治学修身的榜样。

首博新馆建成了，宏伟的建筑，精美的展览，颇受业界和市民的好评。我几次代表馆里恳请宿先生去看看新首博，想再次聆教。但几次都被先生婉拒了。他反复说自己走路有些吃力。我说馆里有轮椅，也安排了休息的地方。不管我怎么说，先生只说"太麻烦了，以后再说吧"。现在，宿先生走了，他不会给我们添"麻烦"了，但我们再想麻烦先生也不可能了。

愿敬爱的宿先生安息！

（作者单位：北京博物馆学会）

追忆我考古人生重要的引路人
——宿白先生

黄秀纯

2018年2月1日，清晨醒来，习惯性地打开手机浏览一下朋友圈。惊悉，6：05，宿白先生病逝。我不由得倒吸一口凉气，觉得先生走得太早，太急促了。逝去的不仅是一位长者，更是我们人生的向导。离开的不仅是一位亲人，更是我们坚强的依靠。悲痛长号，让我们祈祷，宿先生千古，一路走好！

我和宿白先生早在1972年就认识了。那是在故宫武英殿举办"全国出土文物展览"期间，徐苹芳先生和我单位的赵光林先生陪同宿白先生前来参观。由赵光林先生介绍，我认识了宿先生。我当时是临时讲解员，他们边走边聊边看展览，我在后面慢慢地跟着，时而回答一些有关北京出土文物的事宜。在谈到元大都遗址发掘时，徐先生介绍，1970年在西直门内桦皮厂清理明清北城墙垫基石中，发现一块辽张俭墓志。宿先生认为该墓志非常重要，张俭《辽史》有传，是辽代重臣，地位显赫，但《辽史》记载疏漏错误之处甚多。宿先生转过头来对我说："小黄，你可以写写张俭墓志考。"我当时没有表态，深知自己的水平，写篇《简报》还行，写考证的文章恐怕难以胜任。但是我没有放弃。我从读《辽史》开始，记了很多卡片，写了很多读《辽史》的笔记。真正开始动笔写《辽代张俭墓志考》这篇文章，是在1976年7月28日唐山大地震以后。先是录文，再逐条逐字考证。文章最终发表在《考古》1980年第5期。在宿先生启蒙下，我开始发表论文及考古简报，为此也经常去北大朗润园拜访宿先生。

宿先生非常关心北京的考古工作，哪里有重大发现，哪里就有先生的身影。20世纪80年代初，我参加琉璃河西周燕国墓地发掘。宿先生在赵光林先生陪同下，考察了琉璃河遗址。1991年4月初，我主持发掘龙泉务窑址。工地开工不久，宿先生和他的学生秦大树，在赵福生副所长陪同下，来工地参观并指导工作。我早有耳闻宿先生治学严谨，特别是田野发掘。来之前赵福生先生一再叮嘱："把地层搞明白了，把图纸整清楚了，宿先生去肯定检查你的工地。"为此，我两三天前就把田野资料准备齐全了。先生来的那天，我非常紧张，小心翼翼地跟在他身边，并简单介绍遗址发掘情况。先生拿着图纸，一丝不苟地逐一核对地层，并一再强调说："田野问题一定要在现场解决，特别是地层，它是我们断代的依据，绝不能含糊，绝不能拿到室内解决。"

我虽然不是先生门下弟子，但是先生待我如斯。多年来先生对我的成长非常关心。1998年北京辽金城垣博物馆举办"北京龙泉务窑出土瓷器"展览，宿先生应邀出席开幕式。休息时，宿先生问我："贵庚了？"我用北京话笑着说："您断断（猜猜的意思）。"没想到先生听懂了，说："有40岁？"我说："没了。"先生又说："那35岁？"我不敢让先生再猜了，赶快说："您说反了，我53岁了。"又问："带徒弟了吗？"我说：

"没有。"宿先生说:"该带徒弟了。"后来,再次见到宿先生,先生又问我是否带徒弟之事。我说:"再过两年我该退休了。"宿先生说:"为什么还没带徒弟呢?"我说:"不敢带,怕误人子弟。"

2001年《北京龙泉务窑发掘报告》即将出版之时,春节期间我再次去先生府上拜访,并拟请宿先生题写书名。先生非常高兴地答应了,并说:"你先别走,我马上写,写好了你带走,省得你再跑一趟。还有靳枫毅的'军都山'一块儿写,你交给他吧。"先生说着起身就要找纸,我说:"别找了,我给您备着纸呢!"于是先生移步书房,提笔书写了"北京龙泉务窑发掘报告"题签。很快,先生遒劲有力的行书墨宝展现在眼前。当时我的心情非常激动,在先生面前我是无名小辈,先生是考古学界泰斗,却如此平易近人,从不端架子。我拿出事先准备好的润笔费呈给先生。先生一见,说:"这是干什么!"态度非常坚决地拒绝了,并说:"你要是这样,我不写了,这个(指写好的两款题签)都别拿走。"先生的脾气我知道,只好作罢,连声道谢。先生如此关爱晚辈,使我自愧不如。他高尚的品德永远激励着我,做一个实实在在的学问人。

2001年,在徐苹芳先生鼓励下,我主持发掘北京金代皇陵,宿先生在徐苹芳先生、齐心先生陪同下来工地考察。此时先生已经是79岁高龄了,可是上下山不用搀扶,步伐矫健。最长的一次,他在工地逗留近三个小时。先生一再叮嘱我说:"搞金陵遗址非常辛苦,……你把平面布局搞清楚了,就是一大贡献。"

当时在神道两旁发现有台址遗迹,我最初认定是"鹊台"。宿先生问我:"依据是什么?"我振振有词地说:"依据河南北宋皇陵前边有两个对称的'鹊台',还有东北阿城阿骨打陵前的高大建筑物也叫'鹊台'。"宿先生说:"不行,这个依据不准确。不知道的地方,不要瞎起名。"我说:"那您给起个名字。"先生笑眯眯地说:"我不知道,也不给它瞎起名。"2002年春节,我去宿先生府上拜年时,先生仍然揪住"鹊台"一词不放。我故意"抬杠"说:"这处遗迹我真不知道叫什么,您这么大学问,也不给起个名。人家都叫'鹊台',咱们也这么叫吧。"宿先生说:"金代鹊台你见过吗?"我说:"您都没见过,我上哪儿见呀。"先生接着说:"对,咱们谁都没见过。我去年就说过,不要瞎起名。考古是一门科学,来不得半点虚假,我看就叫台址,让后人去研究吧。"我不知道用什么词汇形容宿先生治学的"犟劲",但又非常佩服先生治学严谨认真的精神。先生严谨的学风潜移默化地教育了我,在正式发表简报时,我将"鹊台"改为"台址"(见《考古》2004年第2期)。2003年古建筑专家王世仁先生来金陵考察,认为这两处台址应该是碑亭遗址,并撰写了《北京房山金陵碑亭原状推测》的研究性文章(见《北京金代皇陵》,2006年11月文物出版社出版)。实践证明,宿先生坚持己见是无比正确的,令人钦佩。

如今先生驾鹤西游,离我们而去了。先生一路走好!您的学生永远铭记您的教诲,您的音容笑貌、高尚品质永远留在我们心中。您在九泉之下安息吧!

(作者单位:北京市文物研究所)

宿白先生谈法海寺

苗天娥

2月1日，惊闻中国考古学界的"泰斗"宿白先生仙逝，心中不觉一震，一颗学术巨星陨落了，是多么大的损失啊！

宿白先生的学术研究在学术界享有很高声誉，尤其是在历史时期考古、佛教考古、古建筑考古及古籍版本诸方面，成就斐然，是考古学界的一位"百科全书式"的学者。他在北大从教70余载，奠定了我国考古教育学的诸多基石，桃李满天下，国内的考古骨干多是他的学生。

很久之前，我就景仰这位学术前辈，希望早日能得到他的耳提面命。可惜这样的机会并不是很多。幸运的是，就在1999年的秋冬之交，宿白先生亲临法海寺观看壁画，使我们这些保护文物的后辈得以与大师近距离接触。先生穿着朴素，不经介绍恐怕没见过他的人很难想象他就是大名鼎鼎的宿白先生。他在所长等人的陪同下，饶有兴趣地欣赏了法海寺宫廷壁画和田义墓石刻艺术。之后，座谈中他语重心长地讲了这番话：

"我是说咱们这个说明还得增加一点，就是法海寺本身历史的问题。法海寺这个庙啊，不是一般的寺院，尽管它不大，但是它在北京的寺院里头，是有个特殊情况的。明代喇嘛教即藏传佛教，法海寺是格鲁派。当时的藏传佛教分了许多派，各派都是采取建寺来弘扬佛法的。明朝在南京阶段，它是着重对噶举派——白教重视，所以它把最高的称呼给了噶举派。在南京的后期，才注意到格鲁派，即黄教。永乐的后期才注意到黄教。迁都北京后，对黄教就开始比较重视了。到宣德的时候，就想把格鲁派黄教的主要人物宗喀巴请来，结果宗喀巴就派他的大弟子来了，这个大弟子就是释迦也失，宣德时封他为大慈法王。法海寺就是大慈法王回西藏之后，他的大弟子作为佛教的主要人物来修建的。李童是出资人，但是他得找一个佛教的大师来主持这个事。大慈法王在西边那个碑上有记载。这个庙，应当是北京大慈法王庙的下寺，大慈法王在北京的庙叫法渊寺，在嵩祝寺的东边。明朝时在北京刻藏经就在法渊寺刻，法渊寺不怎么有名，但是番经厂很有名，所以都说嵩祝寺的东墙外是番经厂。明朝法渊寺一直是黄教之寺，法海寺实际是法渊寺的下寺。明朝对藏传佛教的几个教派都利用的，都重视也都扶植，到清朝就不是了。清在没入关之前，藏传佛教各派都兼顾，但是到了北京以后，顺治接见五世达赖以后，就充分相信格鲁教派了，这时的格鲁教派就是所谓达赖、班禅。达赖、班禅就是宗喀巴晚期的弟子，这个法海寺大慈法王是宗喀巴早期的弟子，都是黄教，但一个是早期弟子传下来的法海寺，一个是晚期弟子传下来的雍和宫。真正黄教早期的在北京城里，法渊寺早没了，保留完整的就是法海寺，所以法海寺的重要性就在这儿，它是格鲁教派在北京的主寺了，比达赖、班禅进入早得很多，所以讲藏传佛教法海寺就很重要了。正因为它是大慈法王系统的，所以它的壁画也好，塑像也好，才有那么高的水平，那是皇室派工匠来搞的。介绍法海寺，大慈法王这段要有所论述，天王殿下的两块碑要作为重点介绍。东边是胡濙写的，为什么要找胡濙来撰碑呀？因为胡濙当时是礼部尚书，明朝初年的时候，西藏的这些宗教都是由礼部管，它的顶头上司就是胡濙，所以大慈法王的弟子修这个庙，请胡濙来写这个碑，它不是偶然的。"

当时，在场的人在佩服先生深厚学养的同时，也深深自责，尽管在法海寺工作多年，对法海寺在藏传佛教史上的这一重要地位却毫无所知，感到惭愧不已。

会后，我根据录音整理了宿白先生的讲话，每聆听一次，都觉得是受益一次，真是少有的真知灼见，就像一盏明灯，照亮了前行的路，也让我们从侧面理解了法海寺历史虽然从明朝正德初年开始有400多年的空白，但在藏传佛教格鲁派的强大羽翼下，躲过了一次次人为破坏和岁月洗礼，得以幸存至今。

也正是沿着宿白先生指引的道路，我们开始注重研究法海寺本身历史的信心得到了激发，不再单纯地只关注法海寺壁画本身，而是把这一杰出艺术成果放在当时大的历史背景和环境中考察，发现更多鲜为人知的真相，还原历史。

谨以此小文深切悼念我最敬重的导师宿白先生！宿白先生千古！

（作者单位：石景山区文化委员会）

延庆元代四海冶路初探

杨程斌

元代实行两都制,皇帝常于每年春季经大都北巡上都,秋季从上都返回大都,商人、军队也常往返于两都之间,从而在两都之间形成了多条道路。据元末周伯琦《扈从诗·前序》记载,自西向东有西路、驿路、辇路、古北口路四条主要道路。蒙元时期,政变、兵乱颇多,皇帝常于两都之间急递军报,除以上四条道路外,还存有一条军报秘路——"四海冶路"。

一、元代四海冶路

(一) 元代两都交通

周伯琦《扈从诗·前序》载:"大抵两都相望,不满千里,往来者有四道焉,曰驿路,曰东路二,曰西路。东路二者,一由黑谷,一由古北口。"①这是元代晚期关于大都(今北京)至上都(今内蒙古正蓝旗)之间四条主要道路的记载。元代在大都与上都之间的道路两旁设置了帐幕和房舍,供皇帝及其随行人员使用,称为"纳钵",是"车驾行幸宿顿之所"②。

驿路,全长800余里,从大都经居庸关西行至怀来,转而北上,翻越枪杆岭、偏岭等进入草原,直趋上都,设有昌平、榆林、洪赞、雕窝、龙门、赤城、独石口、牛群头、明安、李陵台、桓州11处驿站。驿路是一般官员及商人等来往两都之间的主要通道。黑谷东路,俗称"辇路",因主要位于缙山县(今北京延庆),又称缙山道,全长750余里,是元帝自大都北巡上都的专用道路。此路由南至北的纳钵依次为大口、皇后店、皂角、龙虎台、瓮山、车坊、黑谷、程子头、颉家营、沙岭、黑咀儿、失八儿秃、察罕脑儿、明安驿、李陵台、桓州、南坡店、上京。据周伯琦《扈从诗·前序》:"历纳钵凡十有八,为里七百五十有奇,为日二十四。""每岁扈从,皆国族大臣及环卫有执事者,若文臣仕至白首,或终身不能至其地也。"③该路至八达岭后东循然后北上,经今延庆,翻山越岭,进入草原,在牛群头与驿路汇合。古北口东路,全程870余里,也是一条"禁路",专供监察御史和军队使用。西路,这条道路在蒙古国时期是驿道正路,称为"孛老站道"。元代皇帝每年巡幸上都大多"东出西还",即由东道辇路赴上都,经西道返回大都,因此又称作"纳钵西路"。据周伯琦《扈从诗·后序》载,这条驿路的站名和纳钵名由南向北依次为:大都、大口、居庸关、妫头、榆林、统幕、阻车、丰乐、雷家、宣德、得胜口、兴和路、忽察秃、回回柴、苦水河儿、石顶河儿(鸳鸯泊)、平陀儿、怀秃脑儿、泥河儿、明安驿、李陵台、桓州、六十里店。该路全长1095里(图一)。

(二) 军报秘路四海冶

关于"四海冶路",此前已有学者提及。侯仁之在《北京城市历史地理》中认为在东、西路之间,还有一条专供传递紧急军情的捷径,可称四海冶路④。尹钧科在《北京古代交通》中认为四海冶路很可能是专供传递紧急军情政令的特殊要道⑤。此外,《北京交通史》也提到了四海冶路⑥。

图一 元代两都交通示意图（引自《北京古代交通》）

"四海冶"位于今延庆四海镇，此地曾发现冶铁遗迹（图二），"旧为冶铸之所。以有四水合流，名四合冶。……后讹为四海冶"[7]，今简称四海，四海冶路名称即源于此。此路自元大都经今怀柔黄花城、延庆四海、河北沽源至元上都，与周伯琦所云西路、驿路、黑谷路、古北口路相比，行程最短。

清光绪《畿辅通志》载："四海冶堡，……元时往来上都，恒取道于此。"[8]清光绪《延庆州志》引《永宁旧志》载："元时入京，庄馗堡西五里天门关，武蓥坚守，则敌人无隙矣。"[9]天门关此地现在仍存，根据其位于"庄馗堡西五里"推断，庄馗堡即四海冶，庄馗意为四通八达的道路，天门关为四海冶西面关隘；可见，元代四海冶即为交通要冲，北通上都。笔者推测，四海冶路在元代是大都、上都间的一条重要道路。

《延庆州志》载："四海冶……与靖安堡为宣府东路之冲，有大胜岭、新兴岭、将军岭、长生口诸要地。嘉靖

中，督臣翁万达言，四海冶有镇南墩与蓟州边所属火焰墩接界仅三里余，筑墙于此可为防御。……东至火焰山三十里，山之东与昌平州接界，西由天门关至大胜岭通周四沟，南至海子口八里通京路，北至大胜岭七里外即边界，为极东扼要，北环沙漠，形势孤悬，边外宝山寺、天亿力等处防御惟严，实州之屏翰也。"[10]明代四海冶为蓟镇、宣镇、昌镇三镇交会地，地理位置极为重要，为防蒙古经四海冶路南侵，在今四海镇大胜岭村、大吉祥村北部修筑长城，作阻断四海冶路之用，并建周四沟、黑汉岭、四海冶等军事堡垒，拱卫京师，拥护山陵，又将四海冶堡建为明代长城宣府镇东路第一要塞，这正反映出四海冶路的重要性。明代四海冶路南线一直是自京师北上的重要道路（图三）。

二、延庆马鹿沟道

（一）道路由来

自今延庆四海向南，为四海冶路南线，至今仍有山路连通北京，但史志对道

图二 四海村南发现的冶铁遗迹

图三 明代四海冶附近长城示意图（引自光绪《延庆州志》）

路走向无载。《北京城市历史地理》一书中提出："当出大都安贞门，直北经小汤山、上庄、黄花城，至四海冶。"[11]自四海向北，为四海冶路北线，终至上都，明代大部分时间为蒙古朵颜三卫控制，在长城以外，道路走向不明。今延庆地区的四海冶路是研究北线的关键。

下马鹿沟村位于延庆千家店镇北缘，紧邻河北赤城上马鹿沟村，此地曾发现元代聚落遗址，出土遗物以生活、军事器具为主，遗址位于关隘之中，可能为四海冶路一处重要关卡。据《畿辅通志》记载："四海冶口，在州东一百一十三里（州志），四海冶堡北五里。口外通珍珠泉、千家店、古北口、独石口等处地方。……千家店，在厅东南。南通四海冶口。"[12]这段史料证明，经四海冶口（今四海镇北五里）至千家店在古代是存在一条道路的；自今下马鹿沟村向南，有山路连通四海镇，可能为元代四海冶路北线，暂将四海冶路北线位于延庆的部分定名为"马鹿沟道"。

（二）道路分析

1. 道路两侧古代遗存

2016年5月，文物部门在千家店下马鹿沟村发现一处元代聚落遗址，此地隶属大石窑行政村，初步定名为大石窑遗址。该遗址位于一处南北均有隘口的山谷高地，扼水路要冲，战略位置重要。遗址地表散落六鋬锅、铁剑、铁犁铧等遗物，询问村民得知，附近农田常发现陶片、瓷片、铁片、砖瓦等遗物，均为生活用具、建筑构件，在农田北侧还发现过墙基。为确定遗址性质，北京市文物部门对该地进行了较大规模的试掘，同时开展文献研究、实地走访并组织专家论证，最终确定大石窑遗址为金元时期聚落遗址，具有重要历史和文物保护价值（图四）。

与大石窑遗址紧邻的河北赤城县曾发现多处类似遗址，如：头道营子三尖地、东卯南瓦窑十二亩地、西卯村北后大地、西二道河子、道德沟东二道河子等辽金元时期遗址。南邻下马鹿沟村，出土器物多为碗、盆等生活器具及砖、瓦等建筑构件，各遗址等距离分布，可能是元代四海冶路北线的驿站。

以上考古资料证明，"马鹿沟道"在

图四 大石窑遗址地表遗物

辽、金、元三代可能接续使用。

马鹿沟道自千家店镇河口村沿红旗甸河北上。《北京水务知识词典》"红旗甸河"词条载:"白河支流。源于河北省赤城县,流经大石窑、红旗甸,在千家店镇河口附近入白河。"⑬在今千家店镇红旗甸村曾发现辽金时期遗址,大石窑村曾发现金代大安年间的石狮,下马鹿沟村发现了元代聚落遗址,以上遗存皆位于红旗甸河沿岸。古代道路多沿河流而建,古人多活动于河流两岸、道路两旁,佐证了马鹿沟道的存在。此外,石槽村北还发现了藏文"六字箴言"摩崖石刻(图五),元代统治者常于重要的道路两旁刻画"六字言"等佛教咒语,做祈求路途平安之用,如《日下旧闻考》中记载:"泰定三年五月遣指挥使元都蛮镌西番咒语于居庸关崖石。"⑭再如目前发现的位于缙山道两旁的仙枕石刻和五桂头、弹琴峡石刻等。石槽村石刻的发现证明了"四海冶路"的存在。

2. 道路走向

关于道路走向,侯仁之及尹钧科均认为,经四海镇,沿菜食河北上,至珍珠泉乡小川村,转西北行,再沿黑河而上。这条路可能是古代的"仓米道",道路曲折、漫长,应不会是传递军情的四海冶路。

笔者认为,"马鹿沟道"自南向北依次为:四海—天门关—大胜岭—下花楼—河山沟—上花楼—石槽—河口—车道沟—红旗甸—大石窑—下马鹿沟,此路在大胜岭岔分为两路,另一路经南湾、黑汉岭北上,到上花楼又合为一路。这条路自大胜岭至河口段山路崎岖、道路狭窄,只适合小股马队行走,最有可能是乘驿者传递军情的专用道路(图六)。据村民讲述,清末民国时期,此路是自内蒙古至北京贩卖杂物的重要道路,当地人称"马帮道"。

三、延庆九里梁道

自今延庆大观头至千家店也存在一条元代古道,可能是四海冶路的支线。明嘉靖《隆庆志》载《天成观碑》:"观门前临通道,车驾岁幸上都,咸瞻敬之。"⑮

图五 石槽村藏文摩崖石刻照片及线图

元帝北巡途中常到天成观祈福,天成观遗址位于今大观头村,证明元帝北巡需经大观头。《畿辅通志》载:"营盘口,在州东九十里,周四沟堡北。……本口外通千家店、花盆镇、东卯镇等处地方。"⑯证明营盘口有古道通千家店。从大观头北上的路线为大观头—小观头—马道梁—营盘—九里梁—河口—下马鹿沟。《畿辅通志》又载:"周四沟堡,在州东九十里。东至大胜岭,接四海冶界,通黄花路。……北至营盘口,通千家店路(州志)。"⑰证明周四沟—下虎叫—上虎叫—营盘—九里梁—河口—下马鹿沟也是一条古道,这两条路自马道梁合为一路,都经过九里梁,暂命名为"九里梁道",此道自河口与马鹿沟道合为一路(图六)。

四、海青牌与军报秘路

海青牌为元代乘驿者佩戴的高级牌符,仅限于通报紧急军情,持海青牌所过驿站称为"海青驿"。海青即海东青,是一种迅猛的鹰隼,产于今黑龙江省东部,契丹、女真、蒙古将之奉为神圣之物。海青牌取其飞翔迅捷之意,表示传递信息的疾速。元代乘驿牌符分圆牌、长牌两种,海青牌为圆牌,据《元史》记载,在太祖成吉思汗时期已经有海青圆牌,所以军报秘路可能最早形成于此时,"唆儿火都者,亦按陈之子,以从征功,在太祖朝遥授左丞相,为千户,仍赐以涂金银章,及金银字海青圆符五、驿马券六。……至世祖时,有诏'弘吉剌万户所受驿券、圆符皆仍其旧,凡唆儿火都所受者,宜皆收之'"⑱。

关于海青牌的记载,多在世祖时期,如中统二年(1261)八月,武卫军都指挥使李伯祐,"给海青银符一,有奏,驰驿以闻"⑲;九月"以海青银符二、金符十给中书省,量军国事情缓急,付乘驿者佩之"⑳;中统三年(1262)四月,"赐诸王合必赤金银海青符各二"㉑;七月,给夔州路行省杨大渊"海青符二,事有急速,驰以上闻"㉒。以上均发生在忽必烈与阿里不哥争

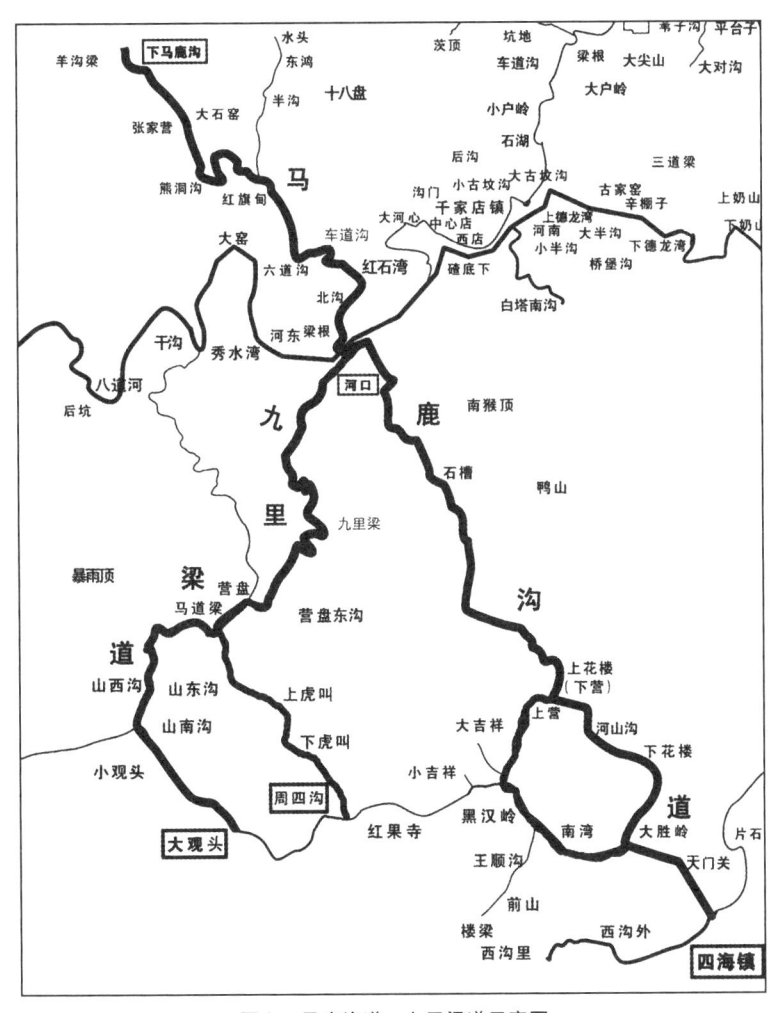

图六 马鹿沟道、九里梁道示意图

夺皇位期间，为军情最紧急时期。由此可知，海青牌仅为紧急军情专用，证明至少在忽必烈时期，军报秘路已成定制，"非军事毋得辄入"[23]。

从中统三年开始，朝廷收回地方军权，散发在各地的海青牌也一律被朝廷拘收，下诏"遣使收辑诸路军民官海青牌及驿券"[24]，"若有海青牌面，尽数分付差去官外，其余管民总管府，应有海青牌面铺马札子，亦仰尽数分付差去官，收管前来缴纳，毋得漏落"[25]。其后，元廷对海青牌的管控逐渐严格，元世祖至元八年（1271）二月"己未，敕军官佩金银符，民官、工匠所佩者，并拘入，勿复给。敕海青符用太祖皇帝御署"[26]。海青牌在世祖前期最为兴盛，后为八思巴字牌符取代，元代中期演变为金字圆牌，当时所修《经世大典·站赤·序言》中记载："其应给驿者，皆以玺书。而军务大事之急者，又以金字圆符为信，银字者次之。"[27]海青牌演变为金字圆牌之后，仍为军事专用。

《经世大典》又载：延祐二年（1315）六月二十日，"遣阔儿鲁班丹等至五台山开读藏经。给马八匹。钦此。拟给金字圆牌二面。左丞阿散以为，旧制金字圆牌乃军情大事所用。今读藏经、散莽斋，恐不宜给。二十二日，尚书乞塔以其言奏闻。奉旨权宜令去。今后军情公事外，其余毋得行用。中书省送兵部钦依施行"[28]。元代中期金字圆牌虽仍为军事专用，但已逐渐丧失早期的"绝对权力"。海青牌的军事功能可能在元末消失，军报秘路也随之撤废。

五、结论

《经世大典》载："世祖皇帝中统元年五月，奉圣旨，于望云（今河北赤城）立一站，……中书省官忽都不花奉旨，缙山（今延庆）至望云，速取径道，立海青站者，……是月奉圣旨，今后使臣官员，除军情急速公事，有海青牌者入望云站，直截前来。其余使臣，……如无急速公事，海青牌者，不得纵令纵由望云。止令入大站，如违，治罪。"[29]《元史》中关于海青牌的记载多在忽必烈与阿里不哥争夺"汗位"的中统年间，中统元年（1260）是双方争夺的关键期，爆发了大规模的战争，此时的开平府（后升为上都）为蒙古国的首都，地近漠北，战事紧急，需由燕京（后升为大都）运送物资、兵源，传递军报，所以开平至燕京的道路显得极为重要。海青站是传递军报的专用驿站，燕京至开平距离最短的就是四海冶路，证明此路为一条传递军报的秘密道路。大石窑遗址南侧有一人工开凿的山口，极有可能为当时"速取径道"凿通。

综上所述，四海冶路为元代两都之间的一条重要道路，与其他道路相比，该道路最直、距离最短，此路专用于传递军情，设有持海青牌才能通过的海青驿站。由于四海冶路是一条"秘路"，所以元代史籍、诗歌均无提及。鉴于四海冶重要的军事位置，明代在此修筑长城，并建四海冶堡等多处长城军堡，重兵防守，谨防蒙古南侵，将道路南北截断，以致此路被后人渐渐遗忘，道路走向成为一个历史谜团。通过本文的论证，证明延庆马鹿沟道即为四海冶路北线的一部分，马鹿沟道的发现重新将四海冶路南北连通起来。

---

① 贾敬颜：《五代宋金元人边疆行记十三种疏证稿》，中华书局，2004年，第364页。

② 贾敬颜：《五代宋金元人边疆行记十三种疏证稿》，中华书局，2004年，第356页。

③ 贾敬颜：《五代宋金元人边疆行记十三种疏证稿》，中华书局，2004年，第365页。

④ 侯仁之：《北京城市历史地理》，北京燕山出版社，2000年，第363页。

⑤ 尹钧科：《北京古代交通》，北京出版社，2000年，第31页。

⑥ 北京市公路交通史编委会：《北京交通史》，北京出版社，1989年，第40页。

⑦⑧（清）黄彭年：（光绪）《畿辅通志》卷69《舆地略·关隘》，河北人民出版社，1989年，第172页。

⑨（清）张惇德等：（光绪）《延庆州志》卷5，成文出版社，1968年版，第143页。

⑩（清）张惇德等：（光绪）《延庆州志》卷1，成文出版社，1968年，第45－46页。

⑪ 侯仁之：《北京城市历史地理》，北京燕山出版社，2000年，第366页。

⑫（清）黄彭年：（光绪）《畿辅通志》卷69《舆地略·关隘》，河北人民出版社，1989年，第169－176页。

⑬ 刘延恺：《北京水务知识词典》，中国水利水电出版社，2008年，第31页。

⑭（清）于敏中等：《日下旧闻考》，北京古籍出版社，1981年，第2475页。

⑮（明）苏乾等：（嘉靖）《隆庆志》卷10《艺文志》，上海古籍书店，1962年，第20页。

⑯（清）黄彭年：（光绪）《畿辅通志》卷69《舆地略·关隘》，河北人民出版社，1989年，第170页。

⑰（清）黄彭年：（光绪）《畿辅通志》卷69《舆地略·关隘》，河北人民出版社，1989年，第171页。

⑱《元史》卷118《特薛禅传》所附《唆儿火都传》，中华书局，1976年，第2917页。

⑲《元史》卷4《世祖一》，中华书局，1976年，第73页。

⑳《元史》卷4《世祖一》，中华书局，1976年，第74页。

㉑《元史》卷5《世祖二》，中华书局，1976年，第57页。

㉒《元史》卷5《世祖二》，中华书局，1976年，第86页。

㉓《元史》卷4《世祖一》，中华书局，1976年，第65页。

㉔《元史》卷5《世祖二》，中华书局，1976年，第89页。

㉕（明）解缙、姚广孝等：《永乐大典》（全新校勘珍藏本）第12卷，中国书店，2013年，第4275页。

㉖《元史》卷7《世祖七》，中华书局，1976年，第134页。

㉗（明）解缙、姚广孝等：《永乐大典》（全新校勘珍藏本）第12卷，中国书店，2013年，第4270页。

㉘（明）解缙、姚广孝等：《永乐大典》（全新校勘珍藏本）第12卷，中国书店，2013年，第4344页。

㉙（明）解缙、姚广孝等：《永乐大典》（全新校勘珍藏本）第12卷，中国书店，2013年，第4273－4274页。

(作者单位：首都师范大学历史学院)

北京正阳门关帝庙建置沿革考

张云燕

明清时期，北京内城九门除安定门、德胜门外，都在瓮城之中建有关帝庙①。正阳门是北京内城的正南门，位于紫禁城与皇城之前，中间辟有御道，每年皇帝赴南郊祭天、耕藉田，都要从这里出入，御驾南巡也经由此处往返京城。这就使正阳门不仅是一座具有军事防御功能的城门，也承载着"国门"的功能，是一座礼仪之门。正阳门关帝庙因其得天独厚的地理位置，"以门于宸居，近左宗庙、右社稷之间，朝廷岁一命祀。万国朝者退必谒，辐辏者至必祈祢也"②，故香火独盛，著于京师，集合了国家祭祀、民间崇拜、庙市赛会等多重功能。虽然今天庙宇建筑已经不存，但文献记载相对详尽，碑刻遗存丰富，是研究北京关帝庙的极佳样本。

一、正阳门关帝庙的创建

（一）前人的不同观点

正阳门关帝庙的始建年代历来说法不一，梳理文献与研究者观点大致有以下几种。

1. 洪武二十年（1387）

《古今图书集成·神异典》引《关帝圣迹图志》："洪武二十年正月，建关帝庙于顺天府正阳门之瓮城内。"③

2. 永乐年间

民国时正阳门关帝庙住持刘佑昌记称："建于明永乐年间，道祖阮永清领地募建。"④

3. 建于明初

《春明梦余录》："庙建于明初。"⑤

《帝京景物略》述及正阳门关帝庙时，提到成祖北征本雅失里时蒙关公显圣护佑，凯还后"乃敕崇祀"，认为庙建于永乐八年（1410）北征以前⑥。

4. 嘉靖十年（1531）

今人胡小伟主张此说，在氏著《护国佑民——明清关羽崇拜》中特列"正阳门小关庙之谜"一节，提出该庙即《宛署杂记》中所记"嘉靖十年敕建"之庙，唯沈著将"大时雍坊"误为"小时雍坊"。胡氏认为，"朱棣自北方取得帝位，故立真武为主神。嘉靖则是自南方承嗣取得帝位的"，故而选择从当阳成神的关羽，"暗以关羽替代真武，作为皇室世袭保护神"。嘉靖十年世宗正大刀阔斧厘正祀典，当阳亦在同年归辖承天府，且儒臣订正关羽封号为"汉寿亭侯"也正好在这一年。因此，京师正南门——正阳门中的关帝庙即是在嘉靖十年，应世宗上意而修建的⑦。

（二）明北京城墙的修筑与关帝庙的建造

明初定都南京，即诏建关公庙，永乐迁都之后，亦庙祭于京师。《明史·礼四》"南京神庙"条："关公庙，洪武二十七年建于鸡笼山之阳，称汉前将军寿亭侯。以四孟岁暮，应天府官祭，五月十三日，南京太常寺官祭。"又"京师九庙"条云："汉寿亭侯关公庙，永乐间建。成化十三年，又奉敕建庙于宛平县之东，祭以五月十三日。"⑧

但正阳门关帝庙却不大可能在洪武、永乐时期建立。洪武元年（1368），大将军徐达攻入元大都后，明军拆毁了大都城垣和绝大多数宫殿建筑，明代北京是在元大都的废墟上重新营建起来的。徐达将大都北城垣南移五里，修筑新的北城垣，开辟德胜、安定二门，其余七座门的名称依照元朝的旧名。永乐元年（1403）改北平为北京，永乐四年（1406）闰七月燕王朱棣下诏营建北京宫殿，修理城垣城门。永乐十七年（1419）十一月又将原大都城南垣向南拓展了二里，至今崇文门、宣武门一线，仍辟三门。永乐十八年（1420），命营缮司郎中蔡信为工部右侍郎，重加修筑东、西、南三面城垣，全城周长四十里，四面共开九门⑨。《明史·地理志》："永乐四年闰七月诏建北京宫殿，修城垣。十九年正月告成。……皇城之外曰京城，周四十五里。门九：正南曰丽正，正统初改曰正阳……"⑩也就是说，今天的正阳门在永乐十七年前尚未建成。或许原本的丽正门内也曾建庙，但与后来的关帝庙并不是一回事。

尽管永乐时期对北京城垣的大规模修筑告一段落，但此时各城门城楼建制并未完备，直至正统元年（1436）才下旨修葺。《明英宗实录》记载："（正统元年十月）辛卯，命太监阮安、都督同知沈清、少保工部尚书吴中率军夫数万人修建京师九门城楼。初京城因元旧，永乐中虽略加改葺，然月城楼铺之制多未备。至是始命修之。"正统四年（1439）四月宣告工成，"丙午，修造京师门楼、城濠、桥闸完。正阳门正楼一、月城中左右楼各一；崇文、宣武、朝阳、阜成、东直、西直、安定、德胜八门，各正楼一、月城楼一。各门外立牌楼，城四隅立角楼，又深其濠，两涯悉甃以砖石。九门旧有木桥，今悉撤之，易以石。两桥之间各有水闸，濠水自城西北隅环城而东，历九桥九闸，从城东南隅流出大通桥而去。自正统二年正月兴工，至是始毕，焕然金汤巩固，足以耸万国之瞻矣。"⑪从上述北京城建历史来看，直至正统初年，北京各城门的城

楼、瓮城等配套建筑才告完工，瓮城之内的关帝庙应是在此以后才修建的。

（三）正阳门关帝庙的创建人

在民国档案中，关帝庙住持刘佑昌自言："建于明永乐年间，道祖阮永清领地募建。"这是寺庙本身的记载传承，应有所本。阮永清其人史载可考，是明代前期灵宝派道士。海淀区万寿寺村有《阮永清墓碑》一通，弘治五年（1492）五月一日刻，碑阴为成化二十年（1484）六月二十日的《阮永清诰封碑》，结合文献记载，可以拼凑出阮永清的大致生平。阮永清从成化年间至弘治初年活跃于中央道录司，深受两朝皇帝宠信。"正统间云游方外，又得异人授以玄默修养之道。""成化十一年十一月丙午朔，太监黄赐传奉圣旨，……大德显灵宫道士吴道然、阮永清俱为左玄义。""丁酉冬升右至灵。""庚子冬升左至灵。""成化十八年秋七月甲午，太监覃昌传奉圣旨，……左正一吴道然、左至灵阮永清俱右正一。""成化十九年十二月丙寅，升为真人。"据诰封碑记载，封号为"悟云志道静修守素葆和光范湛虚凝诚阐教真人"。宪宗皇帝曾御制《山水图》一幅，并亲笔书写《山水图歌》赐之。弘治四年（1491）羽化，孝宗遣礼部谕祭。五年夏五月，又因追思真人，"命中贵赉赐白银，敕令修斋三昼夜"，可见宠遇之隆⑫。惜墓碑漫漶，文字多半难以辨识，也未见阮氏参与正阳门关帝庙修建的记载。但从阮永清的活动时间来看，显然不可能在永乐或嘉靖年间修建庙宇。

阮永清出身的大德显灵宫，前身是永乐十八年诏建的天将庙，住持周思得是明前期最重要、最有影响的道教人物之一，自永乐至景泰年间，为历朝皇帝所推崇。宣德五年（1430），天将庙经过扩建，赐名大德观，宣德六年（1431），周思得加授履和养素崇教弘道高士，管道录司事，兼朝天宫、大德观住持。景泰元年（1450），周思得回到杭州，第二年羽化⑬。成化十七年

（1481），宪宗对大德观进行了大规模修缮和扩建，赐额"大德显灵宫"。

瓮城之内为城防重地，在其中建庙只能是官方行为。阮永清作为大德显灵宫道士、周思得弟子，"领地"募建正阳门瓮城中的关庙，恰恰说明赐地建庙出自上意。很可能其余城门内的庙宇也是由朝廷指派道士修建的。

（四）瓮城中的其他庙宇

城关之"关"与关羽之"关"同音，关羽的形象勇武英烈，战神崇拜始终是关羽崇拜的重要内核。明北京内城九门之中，除北方的安定门、德胜门内供奉北方之神——真武大帝外，其余城门瓮城内都修有关帝庙，正是希望借关公神威守卫城池、抵御外敌。而真武大帝为北方之神，亦主兵戈之事，可荡魔伏邪。因此可以把九门瓮城之中的关帝庙、真武庙视为城防体系的一部分，其修建应是有计划、有组织的，创建年代也应大抵同时（正阳门中的观音庙并不在此列）。抛开其他庙宇单独讨论正阳门关帝庙的修建时间并不妥当。

京师瓮城之中的其他关帝庙同样没有确切的修建时间记录，不过《正统临戎录》中有这样一段记载："圣驾（被俘的明英宗）到安定门，在瓮城庙里换袍服。宣铭：'你去家，好生摆着马。'铭回奏：'去不得，家里十分紧。'"⑭该版本的《正统临戎录》没有标注作者。据《四库全书总目提要》考证："《明史·艺文志》有杨铭《正统临戎录》一卷。考此书末专叙铭官职升迁之事，当即铭所述也。铭本名哈铭，蒙古人。幼从其父为通事。至英宗北狩，铭与袁彬俱随侍。及从帝还，赐姓杨。……事迹附见《明史·袁彬传》。此书所记，与北征事迹略同，而详悉过之。惟首尾俱作通俗语。盖铭未必知书，当时口述，令人书之于册尔。"⑮可见景泰元年英宗还朝时，安定门瓮城内已有庙宇，应该就是真武庙。此时距正统四年修缮京师城门、城楼工程竣工，约有十年光景。由此可知，九门瓮城内的关帝庙、真武庙应当都是在工程竣工或稍后的几年内，陆续修建完成的。

二、正阳门关帝庙的重修

（一）明代

有关正阳门关帝庙的明代史料文献比较丰富，今日尚存拓片可查的碑刻就有六通之多，包括万历十九年（1591）焦竑撰、董其昌书《汉前将军关侯正阳门庙碑》，万历三十五年（1607）白绍经书《关王庙碑》，天启元年（1621）魏广微榜书"义圣忠王"碑，崇祯六年（1633）《关圣敕封疏记碑》，崇祯七年（1634）陈升撰、陈泌等书《三界伏魔大帝本纪碑》，以及王思任作诗、米万钟书并跋的《恭谒午门关帝庙有纪》。这些碑石或颂扬关羽的忠义节烈，或感恩帝君的神威灵验，也有游记题诗，遗憾的是均未对庙宇的建立、重修事宜加以记述。翻检历史文献，也没有看到明代重修正阳门关帝庙的明确记载。但可以肯定的是，明朝特别是后期对正阳门关帝庙十分重视，万历四十二年（1614）敕封关羽为"三界伏魔大帝，神威远镇天尊关圣帝君"，即是在正阳门关帝庙建醮三日，颁行天下⑯。可以推知，该庙宇必然经过了多次修缮，方能成为京城一处名刹，香火绵延数百年而不绝。

明末李自成攻打北京城，正阳门亦被战火，《日下旧闻考》记载守卫正阳门而殉难的官员有孟兆祥等二十四人⑰。李自成在北京仅停留了四十二天，《明史》记载："（崇祯十七年）四月二十九日僭帝号于武英殿……是夕焚宫殿及九门城楼。"天明出京西奔⑱。《明季北略》云："（三十日）午间，九门亦火，止留大明门及正阳门、东西江米巷一带未烧。盖贼留一面出路也。"⑲正阳门建筑的损毁程度究竟如何，难以确知。唐士嵘《石塘庵关帝庙记略》："逆闯犯阙，正阳门

图一 张问政《汉寿亭侯祠记》

庙貌几罹灰烬，帝又无如天何。"[20]唐士崶是无锡人，崇祯七年甲戌科三甲进士，曾任开封知府、浙江副都御使。唐氏是否亲见北京陷落、庙宇焚毁，已无由考证，然正阳门关帝庙经历明末兵祸，遭到了极大的破坏，应是不争的事实。

（二）清初至1900年

与前代不同的是，清代碑刻中保留了较为丰富的庙宇重修的记录，传世画作、档案等资料也为修缮过程做出了有益的补充。今天尚有拓片可查的清代碑石共计七种，分别为康熙四年（1665）张问政撰《汉寿亭侯祠记》、康熙十三年（1674）沈荃书《关帝垂训碑》、康熙二十年（1681）沈荃撰文并书丹《正阳门关帝庙记》、康熙二十四年（1685）湖广安陆府某通判所刻《正阳门关圣帝君扁（匾）文》、雍正四年（1726）洪德元书《关圣帝君应戒士文》、乾隆五十四年（1789）《关圣帝君觉世经》、道光八年（1828）《加封关帝"威显"号谕旨碑》。

目前所见最早的重修记录是康熙四年（图一）。"有侍臣张问政绳卜吉，捐赀鸠工董役，墼茨而丹垩之，第令庄严之色相，焕然改观。陛降之桱桯，斐然增丽……"主持重修工程的张问政自称"侍臣""柱下史"，古时以"柱下史"为御史之别称，"侍臣"更昭示了天子近臣的身份。张问政后来屡次擢升，至康熙

十八年（1679）八月官拜工部右侍郎，为朝廷重臣。重修记文中明确写到，正阳门庙"在都城之南郭，与观音大士并列者，所以呵护国灵，昭宣神贶，盖非他祠比也"，重修斯庙并非为个人崇信、祈愿酬神而做，皆因"我清嗣统以来，庙貌相仍，维新有待"，故"捐赀鸠工董役，……竭厥悃诚，以志润兴朝顶建之迹"[21]。重修工程无疑应出自上意。

康熙二十四年（1685）湖广安陆府粮捕通判某（名泐）又曾捐资修缮正阳门庙。清顺治三年（1646），改明承天府为安陆府，府治钟祥，关羽殒身之处当阳即辖安陆府治下。因此该通判在所撰《正阳门关圣帝君扁（匾）文》中称，关夫子"籍隶河东，实死梓里之下，其素奉之谨口寻常更倍。""自历仕籍以来，适逢军兴，傍午解饷赴滇，孤踪万里……"[22]所说的正是康熙初年的"三藩之乱"。吴三桂于康熙十二年（1673）起兵，至康熙二十年（1681）清军攻克昆明、吴三桂之孙吴世璠自杀，"三藩之乱"终告平定。清初通判之职为正六品，与同知"分掌粮盐督抚，江海防务，河工水利，清军理事，抚绥民夷诸要职。"[23]在战乱之中押解军粮远赴云南，路途之险、责任之重，可想而知。该官不仅化险为夷，顺利完成了运粮任务，后来又得以"擢大郡"，喜获升迁。他将这一切归功于关羽"默佑"

图二　《康熙南巡图》中的正阳门关帝庙

之德，于是捐赀鸠工，为正阳门关帝庙整塑金身，重光殿宇。

从《康熙南巡图》中可以看到，正阳门关帝庙位于城台拐角处（图二），两面围墙，前开庙门一座。门前有一道影壁，后有香炉一座。门内只有一进院落，布局紧凑。正殿面阔三间，歇山顶。东、西各有配殿，正殿后方建有后殿。东配殿前竖立着一根高大的旗杆，顶端甚至超过了城台的高度。正殿、配殿、后殿及庙门均为绿琉璃瓦顶。《康熙南巡图》绘制于康熙三十年（1691），历时三年完成。图中的正阳门关帝庙已经是经过两次重修之后的面貌了。

乾隆十三年（1748）绘制的《南郊大驾卤簿图卷》中，正阳门关帝庙的建筑发生了一些变化（图三）。在侧后方添加了一座重檐碑亭，正殿改为黄色琉璃瓦覆顶，庙门、院墙为黄瓦绿剪边。由此推断从康熙三十四年（1695）至乾隆十三年间，皇帝曾再次敕修正阳门关帝庙，并下旨改易殿、门琉璃瓦颜色，提高庙宇规格。地安门外的白马关帝庙作为国家祀典关帝庙，是在乾隆三十四年（1769）才改为黄瓦的。《重修关帝庙碑记》云："并允太常议于地安门外神庙恭书新号神牌，门殿易盖黄瓦。"[24]如果《南郊大驾卤簿图卷》所绘属实，则正阳门庙之规格提升犹早于地安门庙。

道光八年（1828），因关羽在清军平定张格尔叛乱时显灵，宣宗下旨加关帝封号"威显"，敕命户部尚书、总管内务府大臣禧恩等全面重修正阳门关帝庙与观音大士庙（图四）。禧恩前去查勘，"得二处殿宇房间大木及山檐墙尚属坚整，并无

图三　《南郊大驾卤簿图卷》中的正阳门关帝庙

外,净估需工料银一千九百六十四两六钱一分六厘。其神碑、字匾、袍带、欢门、幡帐、团桌、神旗、绒绳交各该处自行勘办。至应需钱粮请由造办处银库发给。"[25]

在留存至今的"样式雷"图档中,有一幅光绪年间绘制的正阳门关帝庙立样[26](图五),证明光绪时朝廷对庙宇也曾进行过修葺。从图中可以看到,庙宇的面貌与乾隆年间相比并无太大变化,仍为正殿三间,后殿五间,东西各有配殿,黄瓦朱墙,一仍如旧。

从上述修缮记录可以看出,正阳门关帝庙作为重要的皇家寺庙,其修缮主要是由朝廷主导的官方工程。同时庙宇也对官员士庶开放,私人同样能够捐资修缮,酬谢神恩,冀求护佑。

(三)1900年至民国时期

清末庚子之乱(光绪二十六年,1900),北京城遭到了极大破坏。正阳门箭楼、城楼在战火中毁损严重,其下的关

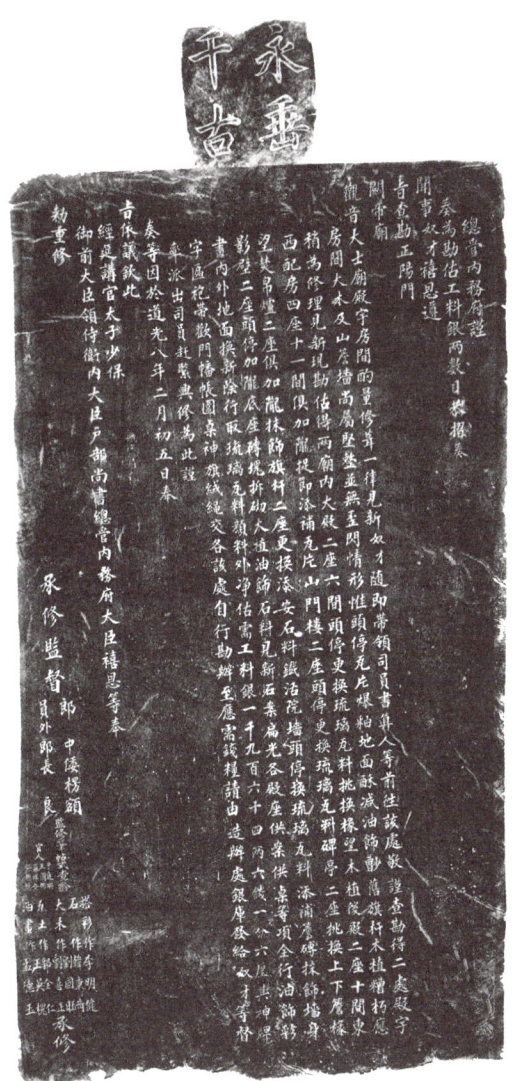

图四 道光八年《加封关帝"威显"号谕旨碑》碑阴

歪闪情形,惟头停瓦片爆釉,地面酥减,油饰□旧,旗杆木植糟朽,应稍为修理见新。现勘估得两庙内大殿二座六间,头停更换琉璃瓦料,挑换椽望木植;后殿二座十间、东西配房四座十一间,俱加陇捉节,添补瓦片;山门楼二座,头停更换琉璃瓦料;碑亭挑换上下檐椽望;焚帛炉二座俱加陇抹饰;旗杆二座更换漆安石料铁活;院墙头停换琉璃瓦料,添补檐砖,抹饰墙身;影壁二座,头停加陇,底座砖块拆砌;木植油饰,石料见新,石案扁光;各殿座、供案、供桌等项全行油饰彩画;内外地面换新。除行取琉璃瓦料、颜料

图五 正阳门关帝庙"样式雷"图样

图六 1900年正阳门瓮城内景

图七 1915年拆除瓮城后的正阳门关帝庙

帝庙也未能幸免（图六）。据民国十九年（1930）寺庙住持刘佑昌所言，本庙"各殿房屋装修等物均因清光绪庚子年变乱被掠一空，后经先师刘锡佩出资重修齐整及添置一切设备"。当时仅有道士二人住在庙内，一为住持刘佑昌，一为道士李莲洲。寺庙面积计地基一亩余，佛殿及住房共十三间，碑亭一座，焚帛炉一座，神像十四尊，神马一匹，关帝画像一轴，《玉皇经》一部，《关帝全书》一部。法物计有"关帝碑二座（一明万历辛卯年，系董其昌书；一清康熙二十年，系沈荃书），青龙刀三柄（一嘉靖十五年，二无记载），铁鼎炉一座（咸丰三年，施主恒祺献），铜钟一口（康熙二年，已残），铁磬一口（崇祯三年施主助献）。其余各物本庙随时添置，计有刻竹石二块、蓝琉璃五供一份（已残），铜香炉一个，铜方香炉八个，铜五烛扦一对，锡蜡扦一对，铁香炉一个，磁香炉一个，铜香油灯一对"[27]。将此对比道光八年重修之记录，国难之痛，令人不得不感叹唏嘘。

清光绪年间，京汉铁路车站（正阳门西站）和京奉铁路车站（正阳门东站）建成后，正阳门地区成为北京内外交通的枢纽，促使该地区发展为北京综合性的商业中心和金融中心，交通流量随之剧增。为方便市政交通，民国四年（1915），时任北洋政府内务部总长、交通部总长的朱启钤主持了正阳门改造工程。改造规划"延请德国专家设计，拆除了瓮城和东、西闸楼，正阳门两侧各开门洞两座，还新筑马路两条，东门洞直通户部街，西门洞直通刑部街。为了保存古迹，还将观音庙、关帝庙油饰彩画"[28]。正阳门城楼改造和瓮城的拆除，使得中轴线中段的交通拥堵状况得到改善，原在瓮城中的关帝庙也完全展露出来（图七）。瑞典人喜仁龙曾充满诗情地描绘说："前门建筑群中最漂亮的建筑，是正门两侧的两座黄顶小庙。东为观音庙，西为关帝庙。寺庙……维修状况良好。院内，黄顶白碑，树木参差，灰墙环绕，环境怡人。"[29]

三、中华人民共和国成立后正阳门关帝庙的变迁

1951年，北京市对正阳门关帝庙、观音庙重新进行了调查登记，建立设施档案。亲历者孔庆普回忆道："两座庙各有一个方形院子，院门朝南开，门楼是四坡式琉璃瓦顶，门垛是磨砖对缝墙面，下部是青石墙基，门楼基座高出院外地面较多，门前有一层青石台阶。门洞里有一对红色木板门，门扇上各有一个铜质虎头门环。院内地面低于门楼基座十来厘米，院内是趟砖铺墁城砖地面。关帝庙和观音庙的正殿均系三间歇山式琉璃瓦顶，外墙是四角硬红色海棠池，中间有一樘大门，两个边门各是一个方形大窗户。正殿两端各有两间耳房，均为两坡式灰陶瓦顶，前面有一门一窗。"

"文化大革命"期间，两座庙遭到了破坏，1970年，两座庙的屋顶、庙墙被拆除。1976年唐山大地震后，为帮助职工加

固抗震棚，院墙也被拆除了㉚。

正阳门关帝庙为旧京名胜之一，明清两代多有信士文人立碑题刻，民国时仍有"碑九座、刻十块"。庙宇拆除后，这些碑刻也大多不知所踪。2008年，丰台区南苑乡槐房村村民宋振启在拆建小房地基时，发现了正阳门关帝庙的两座石碑。其中一座碑为焦竑撰、董其昌书、王肯堂篆额的《汉前将军关侯正阳门庙碑》，明万历十九年（1591）立。碑（无座）高259厘米，宽97厘米，厚28厘米。碑首雕刻二龙戏珠，额篆"汉前将军关侯正阳门庙碑"。另一座碑为沈荃撰文并书丹的《正阳门关帝庙碑》，清康熙二十年立。碑（无座）高230厘米，宽93厘米，厚33厘米，碑首雕刻二龙盘肠，中间篆书"皇图巩固"（图八）。据村中老人回忆，石碑是20世纪60年代拆除城墙时运回村里的㉛。这两通碑刻是正阳门关帝庙留存的实物凭证，其书写者又都是具有高超造诣的著名书法家，使得它们不仅具有重要的史料价值，也有着极高的艺术价值。民国住持刘佑昌曾在上报政府的文件中称，关帝庙中最珍贵的便是这两通碑刻，"其余各物无可宝贵者"，可见当时人对它们的重视。目前焦竑碑在村中原地保护，沈荃碑被北京石刻艺术博物馆征集收藏。今天我们还能够通过这些珍贵的碑刻，追想当年正阳门关帝庙香火盛甲京师的场面。

四、余论

晚明著名文学家王思任曾有《恭谒午门关帝庙有纪》诗一首："筵笭鹊聒挤寅昏，七尺英风帝贶存。只把人中提万国，大明先谒正阳门。"㉜道出了正阳门关帝庙在当时的重要地位。进入清朝之后，皇帝赴南郊祭天、耕藉田，回程时经常到庙中进香。尤其是光绪皇帝，"诣正阳门关帝庙菩萨殿拈香"条在实录中竟出现六十四次之多㉝。庙中的"关帝灵签"名闻天下，清初诗坛盟主王士禛曾自述说："京师前门关帝庙签，夙称奇验。"㉞《都门竹枝词》中有"灵签第一推关庙，更去前门洞里求"之语㉟。湘军创始人之一郭嵩焘也曾在日记中写道："光绪纪元之元年，岁在乙亥，正月初一日元旦己亥。天气晴朗无风。沅甫宫保（曾国荃）约饭，因偕诣前门关帝庙行礼，意在求签，叩问大局。"㊱

正阳门关帝庙是昔日北京最重要的寺观之一，十分值得深入研究。然而文献、碑刻特别是明代档案的大量佚失，使探讨庙宇的建置沿革时难免出现不少缺环。加之笔者学力不足，见识浅陋，文中诸多未尽及疏漏之处，敬望诸位方家指正。

图八　沈荃撰书《正阳门关帝庙碑》碑阴

---

① 自汉以来，历代对关羽多有敕封。《三国志·蜀书》中记载曹操曾为关羽请封为汉寿亭侯，景耀三年（260），后主追封关羽为壮缪侯。北宋大观

年间追封为武安王。明洪武三年（1370）下诏，曰："历代忠臣烈士亦依当时初封以为保号，后世溢美之称皆与革去，庶几神人之际名正言顺，于礼为当。"故明代以"汉寿亭侯"为封号，多称"关公庙""关侯庙"，晚近也可见到少数碑刻称"关王庙"者。万历四十二年（1614），加封关羽"三界伏魔大帝，神威远镇天尊关圣帝君"，颁知天下。以后才有"关帝庙"之称，沿用至今。

② （明）刘侗、于奕正：《帝京景物略》，北京古籍出版社，1983年，第97页。

③ 《古今图书集成》第492册，中华书局影印，民国二十三年（1934），第29页。

④ 北京市档案馆藏民国档案，档号J002-008-00382。

⑤ （清）孙承泽：《春明梦余录》，北京古籍出版社，1992年，第1227页。

⑥ （明）刘侗、于奕正：《帝京景物略》，北京古籍出版社，1983年，第97～98页。

⑦ 胡小伟：《护国佑民——明清关羽崇拜》，科华图书出版公司，2005年，第100～103页。

⑧ 《明史·礼志》，中华书局，1974年，第1304～1305页。

⑨ 《明太宗实录》："（永乐十七年十一月）甲子，拓北京南城，计二千七百余丈。"中国台湾"中央研究院"历史语言研究所，1962年，第2169页。

⑩ 《明史·地理志》，中华书局，1974年，第884页。

⑪ 《明英宗实录》，中国台湾"中央研究院"历史语言研究所，1962年，第471页、第1047～1048页。

⑫ 阮永清生平及其在明朝宫廷的活动参见《阮永清诰封碑》，北京图书馆金石组：《北京图书馆藏中国历代石刻拓本汇编》第52册，中州古籍出版社，1989年，第180页；《山水图歌碑》，见同书第183页；《阮永清墓碑》，《北京图书馆藏中国历代石刻拓本汇编》第53册，第15页；《阮永清谕祭碑》见同书第12页；《明宪宗实录》，中国台湾"中央研究院"历史语言研究所，1962年，第2691页、第3930页、第4175～4176页。

⑬ 大德显灵宫的修扩建及周思得生平参见《御制大德观碑》，（明）沈榜：《宛署杂记·恩泽》，北京古籍出版社，1980年，第196～197页；《周思得墓志》，（明）习经：《寻乐习先生文集》，《四库全书存目丛书补编》第97册，齐鲁书社，1998年，第175～176页；《明宪宗实录》卷二百二十一，第3815页。

⑭ 《正统临戎录》，陕西省图书馆藏明钞国朝典故本，《四库全书存目丛书》史部第46册，齐鲁书社，1996年，第172页。

⑮ 《四库全书总目提要》载《正统临戎录》一卷，浙江范懋柱家天一阁藏本。见前注第173页。

⑯ 宋万忠、武建华标点注释：《解梁关帝志》，山西人民出版社，1992年，第67页。

⑰ （清）于敏中等：《日下旧闻考》，北京古籍出版社，1983年，第673～674页。

⑱ 《明史·流贼传》，中华书局，1974年，第7967页。

⑲ （清）计六奇：《明季北略》，中华书局，1984年，第490页。

⑳ 康熙《无锡开化乡志》卷上，《中国地方志集成·乡镇志专辑》第14册，江苏古籍出版社，1992年，第26页。

㉑ 《汉寿亭侯祠记》，国家图书馆拓片索取号"北京1166""北京1167"，图片引自《北京图书馆藏中国历代石刻拓本汇编》第62册，中州古籍出版社，第65页。

㉒ 《关圣帝君扁文》，国家图书馆拓片索取号"北京1170""北京1171"。

㉓ 《清史稿·职官志》，中华书局，1976年，第3356页。

㉔ 《重修关帝庙碑记》，国家图书馆拓片索取号"北京474"。

㉕ 《加封关帝"威显"号谕旨碑》，碑阴为禧恩勘估工料银两数目奏折。国家图书馆拓片索取号"北京1176""北京1177"。图片引自《北京图书馆藏中国历代石刻拓本汇编》第79册，中州古籍出版社，第126页。

㉖ "大匠天工——清代'样式雷'建筑图档入选《世界记忆名录》特展"中的"正阳门瓮城内关帝庙正殿装修配房情形图样"（342—0511）。

㉗ 庙产及法物等情况参见北京市档案馆藏民国档案，档号J002-008-00382。

㉘ 王亚男、赵永革：《把古都改建为近代化城市的先驱者——民国朱启钤与北京城》，《现代城市研究》2007年第2期。

㉙ [瑞典]奥斯伍尔德·喜仁龙著、许永全译：《北京的城墙和城门》，北京燕山出版社，1985年，第156页。

㉚ 中华人民共和国成立后正阳门关帝庙与观音庙的调查、拆除经过，参见孔庆普：《城：我与北京的八十年》，东方出版社，2016年，第220～221页。

㉛ 《北京丰台发现正阳门瓮城两座石碑》，中国广播网2008年6月27日，网址http://www.cnr.cn/2004news/society/200806/t20080627_504996308.html。

㉜ 《恭谒午门关帝庙有纪》，国家图书馆拓片索取号"北京4193"。

㉝ 参见《清实录·德宗实录》，中华书局影印，1987年。

㉞ （清）王士禛：《池北偶谈》卷二十二"签验"条，中华书局，1982年，第528页。

㉟ 清人杨米人作《都门竹枝词》，叙及北京著名道教寺庙云："吕祖祠中好梦留，白云观里访仙遊。灵签第一推关庙，更去前门洞里求。"杨米人生卒年不详，约乾隆年间在世。见杨米人等著、路工编选：《清代北京竹枝词》，北京古籍出版社，1982年，第19页。

㊱ 《郭嵩焘日记》第3卷，湖南人民出版社，1982年，第1页。

（作者单位：北京石刻艺术博物馆）

明清护国寺的古建布局

陈 平

一、古籍所载明清护国寺古建

关于宣德四年（1429）明宣宗于元北崇国寺旧址兴建大隆善寺的情况，史籍及明碑录文所言极少。明人孙国敉《燕都游览志》述及崇国寺时，仅有"宣德间重建"五字。下文"赐额大隆善护国寺"，还把成化时才赐的"护国"二字寺名提前误置到了宣德年间。明人刘侗等所撰之《帝京景物略》亦仅言"宣德己酉，赐名隆善"八字。清《日下旧闻考》录明成化八年（1472）圣旨碑，也只有"禁城西隅有佛刹曰大隆善寺，成于宣德己酉，实我皇祖考因旧更新者也"数语。其"因旧更新"四字，对了解从元北崇国寺到明大隆善寺的沿革损益状况尤其重要。它说明到明初宣德四年时，元北崇国寺至少仍有部分"旧构"尚存，宣德帝乃是在其旧构基础上"更新"而成大隆善寺的。明宪宗重修及增加护国之名详情，最直接的描述，仍见于其八年的圣旨碑。文曰："（崇国寺）历岁滋久，（大隆善寺）新增复敝，朕仰思先烈，敢不是葺！乃出内帑金帛，市材僦工，鼎新缔构，踰年而功告成，规模宏壮，差胜于昔，因增其额曰大隆善护国寺。"从其"鼎新缔构，规模宏壮，差胜于昔"十二字分析，这次重修动静不小，规模宏壮，大胜往昔。明清护国寺的基本规模与布局，均应奠定于明成化年间的这次大修，而主持其事者，则是太监黄顺和明代著名古建设计大师、工部侍郎蒯祥。护国寺古建布局的最终定格，则是清康熙六十一年（1722）的那次大修。这次大修，用康熙御制碑文的说法，就是"栋宇仍旧，而丹雘增焕矣"，即旧局不变，但内外装修却是焕然一新，富丽堂皇。由康熙至乾隆，所增者仅两御碑及碑亭。从清光绪二十六年（1900）迄今，护国寺火灾迭至，已达四次，最近的是2004年那次。加之屡经拆毁另建，偌大一个护国寺，于今仅存一座金刚殿和数间偏房。

二、居功至伟的关振生和刘敦桢先生

说到明清护国寺遗址在清末到民国二三十年间的状况，就离不开当年曾为之做过踏访实录的关振生与做过古建调查的刘敦桢两位先生。两位前辈老先生在发掘、保存护国寺历史实际资料方面的巨大贡献，用"居功至伟"来评价，一点也不过分。

如今一般治北京地方史学者，每言及西城的护国寺历史文献，往往首先想到的便是陈宗蕃和他初版于1931年的《燕都丛考》第二编中的那段文字，是在北京古籍出版社1991年版《燕都丛考》第327页"又北即护国寺"语下注[六]，即自328页末行至341页共14页文字。而此中又有约整整10页，出自对《城西访古记》的大段引文。陈氏于文中并未交代该记作者是谁，而仅于书末所附《引书目》中有一小竖行，标出了该记作者为"振生"。这就容易让人忽略，并给一般读者以一种该记作者就是陈宗蕃的错觉。近日，得西城文委卞景晟同志帮助，提供佐证，方知

《城西访古记》的作者不是陈宗蕃，而是关振生。该记护国寺部分最初分18期，于1930年以"振生"署名，连载于老北平的《新晨报》，其后又涉白塔寺等共三座佛寺。1943年，他又以《护国寺》为题，将《城西访古记》中护国寺部分单独重发，署名为"关振生"。文中又以"迄今年（癸亥）"之语，标明了该记成文之年为1923年。再考，文中另有"亲身游历，数年之久"之语，则关振生最初对护国寺的踏访，笔者认为当不晚于1920年前后。要知道，当时的关振生先生，还只是一个刚二十出头的文化青年。陈氏《燕都丛考》护国寺部分，绝大多数篇幅是原封不动引《城西访古记》，而该记为关振生基于数年踏访所得。所以，民国年间踏访记录护国寺历史与实况的首功，应归属于关振生。近日笔者又连日深挖，广搜资料，对关振生鲜为人知的家世生平，又略有收获，现简介如下。

据《满族研究》2012年第1期潘先林先生《临深履薄、朝不保夕到柳暗花明、死里逃生——满族官员崇谦在云南辛亥革命中的命运》等文章揭示：关振生父名崇谦，属满族雅尔湖瓜尔佳氏，正红旗荣泰佐领下人，自号长白，字仲益，光绪十一年（1885）文举人，十五年（1889）选五品知县，二十七年（1901）授云南南安知州，后继署理东川、丽江、楚雄三府。宣统二年（1910），升二品云南补用道。1911年10月辛亥革命后，改姓黄，入籍楚雄，曾任楚雄自治局名誉总理。1913年，举家乘滇越路火车返京，改冠汉姓关。后崇谦寓天津，经营煤铺，1935年病故。关振生，满族，原名宝铎，字振生，约光绪二十四年（1898）生于北京。光绪二十七年甫四岁，随父侍宦入云南。当辛亥革命时十三岁，随父改汉姓黄，入楚雄籍。1913年随家乘滇越路火车返京，又随父改汉姓关，遂以字名关振生。回京后从学经历不详。关振生和其父与云南官绅李根源先生交往甚厚，并赖李之力荐，关振生（宝铎）为其亡父崇谦的《宦滇日记》作注，此书后来得以入选中国科学院历史研究所第三所编辑的《云南贵州辛亥革命资料》。学界对关振生（宝铎）所作注文评价甚高，认为内容丰富，事迹翔实，极有史料价值。关振生还著有《略历》，北大历史系教授、《骨董琐记》作者邓之诚先生，赞其文笔"有略似六朝人处"。而回京后与关振生交往最深的，正是这位邓之诚先生。邓先生嗜书如命，遇有好书，能购不惜破家，不能购则高价雇善书者抄之，并尊称之为"抄书先生"。先后为邓先生抄书者有十余人，除子女亲戚外，常客就是关振生这位"抄书先生"。邓氏藏书中的写本《徐太拙诗稿》《未庵初集》，即出自关振生手抄。邓氏著有《五石斋日记》，由其女邓瑞教授整理注释，由《民国档案》自1998年01期开始，连载刊印。该日记始于1933年5月，迄于1959年。其中1933、1934、1942、1944、1950～1952诸年，均有对关振生的记载。由此可知，中华人民共和国成立后关振生仍健在，相传他就住在西城区大茶叶胡同。另传，关振生曾于每星期日午后，与张郁庭、翁偶虹等名士为伍，参加旧西安市场旁欣蚨来茶社里的谜社会友活动。关振生《城西访古记》里的护国寺部分，其所存护国寺资料时间既较早，内容又较丰富翔实，至为可贵。且篇末于藏经楼踏访完成后所记一段文字，言其护国寺踏访之甘苦，尤为感人至深。其文曰："寺至此殿而毕，凡金石、殿宇、佛像，皆细记之，其闲房陈设，以及无关系与寄存之佛像，均从略。亲身游历，参以见闻，不畏寒暑，不辞登降，数年之久，始得大略，记必求详，文不厌俗，挂一漏万，当俟补遗。"读后让我们对这位前辈老先生孜孜不倦、不畏劳苦的治学精神，顿生钦敬之情。

刘敦桢先生，1897年生于湖南新宁，1921年毕业于日本东京高等工业学校建筑科。20世纪30年代，刘敦桢应朱启钤之邀，与梁思成等共创中国营造学社。1943～1949年，任南京中央大学工学院建筑系主任。1952年，该校改称南京工学

北京史地

图一　刘敦桢先生像

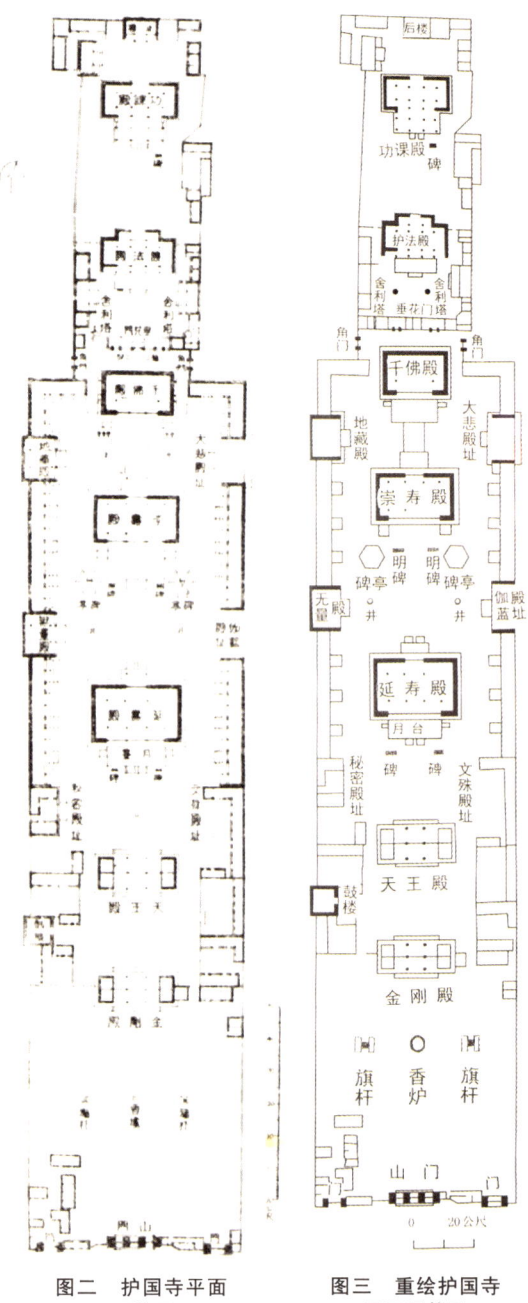

图二　护国寺平面现状图　　图三　重绘护国寺平面现状图

院，刘敦桢仍任建筑系主任，并主编出版中国首部《中国古代建筑史》。1968年5月10日逝于南京，享年71岁（图一）。刘敦桢先生至晚于1935年上半年，曾对护国寺做过一次堪称经典的古建调查。其第一手资料，就是刊发于1935年12月《中国营造学社汇刊》第6卷第2期的署名论文《北平护国寺残迹》。这次调查的具体时间，文中未写。然那时的学者与学术机构，尤其是以梁思成、刘敦桢二先生为首的中国营造学社，工作效率极高。当年12月出版的论文，调查整理一般均在同年的上半年进行。所以笔者认为，刘公对护国寺调查的时间，可暂定于1935年的上半年。彼时的护国寺，已历光绪二十六年、光绪三十三年（1907）与1920年三场大火。所幸寺内残迹，基本仍保留着1920年火后的原状；该寺从山门到藏经楼的前后十层古建布局，也仍清晰可见。

刘文附调查时现场手绘之《护国寺平面现状图》一幅（图二），虽总体布局可见，但线条与标示文字均不够清晰，笔者特礼请鄙所研习古建的冯双元同志，将刘图电子扫描后，就其旧迹，作《重绘护国寺平面现状图》一幅（图三），与刘文原图一并呈现给读者。现在，我们即依据关振生先生访古记相关记载及刘敦桢先生调查中图文，将1920－1935年间尚可见之明清护国寺古建布局，为大家作一综述；并间或申以己见，略加裁断，以就教于广大读者同好。

三、明清护国寺古建的十层

图四　护国寺山门

图五　护国寺金刚殿

布局

（一）第一层：山门

1935年刘公调查时，山门仍保存完好，为单檐三间过门式歇山顶古建（图四）。正门上方有寺名题额曰：大隆善护国寺。此名得之于成化八年明宪宗御赐。山门之旁，又于左右寺垣各开辟旁门一个。门内金刚殿前广场中央，仍存康熙六十一年大修时所赐大型铁香炉一具。铁香炉两侧各残存有夹杆石一座，然石上原所夹幡杆均已不见。该山门及其后的铁香炉、夹杆石现也已不见。山门旧址，改革开放后已建成北京市仪表局兰鼎成大厦，门牌为护国寺街85号。

（二）第二层：金刚殿

金刚殿，面阔五间。前面关先生踏访时，见殿内前层尚存弥勒佛，两旁祀金刚塑像。后层分木屋三室，两旁各置守殿僧木屋一间，居中木屋供北向韦驮一尊，俗呼殿套殿。1935年刘敦桢先生目验殿内金刚像，称"似为明塑"。这是护国寺中轴线七重大殿里至今硕果仅存的一座（图五）。此殿门窗皆作壸门式，壁面装制有障日板。其外侧梁枋，在梢间及山面大额枋下再施小额枋一层，营作与殿门同制。在正中主殿门左右，另夹短墙，设东、西二旁门。

（三）第三层：天王殿

天王殿前庭院中，前面关先生踏访时，殿前院东侧尚存木架铁云板一副，已破，上书"护国常住，大清同治五年三月造"。关先生言前三层殿之木制承尘方板上"皆绘作原（圆）形，中为花状，六瓣一心，内皆有梵字，为六字箴言，中一字，音如'部林'，义为大宝阁，各殿承尘皆然"。刘公1935年调查时，云板已不存，但天王殿遗迹仍在。其殿面阔亦五间，内所祀四大天王抟塑之术，似劣于前殿之金刚。该殿中央三间，于额枋下即施雀替（图六），无小额枋与槅扇，仍系门制。殿顶经火已大部倾毁。但据其梁架结构与残存天花彩画、雀替，仍可推测为明代遗构（图七）。其西侧鼓楼尚存，东侧钟楼已倾圮。东、西院墙前原有的廊房被居民改筑，已形同一处大杂院了。于今，

图六　天王殿雀替

图七　天王殿

图八　延寿殿

图九　延寿殿槅扇裙板

关、刘二公当年所见均已不存了。

（四）第四层：延寿殿

延寿殿，殿前设有石砌护栏月台，面阔五间，明露进深四间，后暗附抱厦一间（图八）。前面关先生踏访时，殿正中仍祀三世佛像，两旁石台上则为二十四诸天像，然已倾圮殆尽。石台刻花纹，颇精致。像后壁上，皆画佛像，极工，惜多剥落。左右殿顶已圮，然中间殿顶尚存，自外视之，如小楼，中为藻井，边绘作八角形，中有木刻金龙，头下垂，刻绘精巧，犹如新制。佛像前有"大明成化年造"铭文木座铜炉一尊，为五供之一。桌上有铁磬如钵，铸铭云"康熙二十三年七月吉日立"。殿内东南角有木架铁钟，铸有"大隆善护国寺国师后着肌领占铸，重一千五百斤，大明弘治七年四月吉日"铭文。1935年刘公调查时，殿顶已尽失。从殿墙缝隙处内窥，殿内佛像亦已倾圮略尽。壁画仅存西墙一面，亦非佳作。据该殿幸存之斗拱、霸王拳和裙板所雕三福云（图九），以及后抱厦与明代隆福、智化

两寺抱厦的相似，刘公推定其应为明建遗构。刘公1935年调查时，延寿殿正面犹有部分木质窗棂、槅扇尚存。关先生在前面的护国寺踏访记中，曾转引导游喇嘛王星垣之语云："此寺建时，穷极工巧，窗棂之纹，瓦当之式，均无同者。"此云"建时"，多半应指明宣德、成化时。既云"窗棂之纹，均无同者"，此殿及其后之崇寿殿等刘公调查时仍摄有数幅含窗棂之照片存世，此其弥足珍贵者。

延寿殿前原有东、西配殿各一，东配殿曰文殊，西配殿曰秘密。刘公调查时文殊殿已焚毁不存，成遗址。秘密殿亦已被依旧址改建，仅能大致推定其原址位置。除二配殿外，殿东西两侧各有廊房十一间，它们前接文殊、秘密二殿，后与伽蓝、无量二殿相通，且由此向后连通大悲、地藏二殿，至千佛殿两侧，将中央诸殿统统包容于内。这种格局，与隆福、卧佛二寺配列之法也都吻合，皆系明制。延寿殿前月台下，分立有东、西二明碑。东碑为明正德七年（1512）《敕命西番大庆法王住持护国寺碑》。碑西

图一〇　崇寿殿图

图一一　崇寿殿斗拱

图一二　崇寿殿菱花槅

为镌刻藏文石碑。两碑前方居中，又置大型铁香炉一座。

（五）第五层：崇寿殿

崇寿殿前也有月台，殿堂面阔五间，进深九檩，后附抱厦一间（图一〇）。刘公调查时，此殿之顶也已摧毁过半，前后门窗皆暂以短墙封堵，未能入观。从其檐端斗拱看，其柱头科所用单翘重昂宽度均相等；而其平身科蚂蚱头向后挑起，压于檩下，做法亦似明智化寺万佛阁，为明中期所通行（图一一）。该殿门窗上的木构菱花槅也颇具特色（图一二）。崇寿殿台前及殿后皆砌陛石，石上所雕卷云纹，也纯属明人手法（图一三）。

殿前月台下之前庭，有铁鼎一，左右石护栏井各一。据前面关先生踏访记，东井中东南角深处石上，刻有"日"字；西井内亦有石，呈月牙形。二井故有日、月双井之名。殿前东、西两面，各建有御碑亭一。东亭内藏明成化八年御制大隆善护国寺碑记，刘公调查时，此碑石面已严重漫漶，存字无几。前面关先生踏访后曾推测：此碑初无亭，乃西面建康熙碑亭时所配补。西亭立康熙六十一年御制崇国寺碑，上镌满、蒙、藏、汉四体文字碑文，

当时均清晰可辨。月台前，还露天而立着两通明成化八年碑，形制颇为奇特。

据前面关先生踏访记："碑座方石，刻花纹如球形，两旁刻伏形小狮各一，狮前尚有极小狮，此石上附有一石，刻两小狮，以肩承碑，又刻山石与狮相间，极有奇趣。"（图一四）关先生复称："东碑为修造之记，成化八年十一月初二日立。碑文内云：'自七年九月初八日兴工，至次年十一月二日毕工。'"西碑为成化八年十一月初二日立《乐助善缘之碑》，碑阴刻有明成化帝御记修寺大略。殿前庭院东、西两侧，各有配殿一座。东配名伽蓝，西配名无量。调查时，东配伽蓝已仅存遗址，西配无量则新修复不久，尚称完整（图一五）。

（六）第六层：千佛殿

千佛殿置于前月台之上，月台与崇寿殿后抱厦之间以甬道相通连，旧题为"三仙千佛之殿"，千佛殿乃其简称（图一六）。道称仙而释称佛，此处因后有"千佛"，故前有旧题曰"三仙"。这"三仙"，是否即华严宗所谓的"三圣"呢？诚如此，则千佛殿应即元初该寺开山祖定演大师所首创的，是用以供奉毗卢遮

图一三　崇寿殿北面石陛

图一四　明成化八年碑及详部

图一五　无量殿及廊房

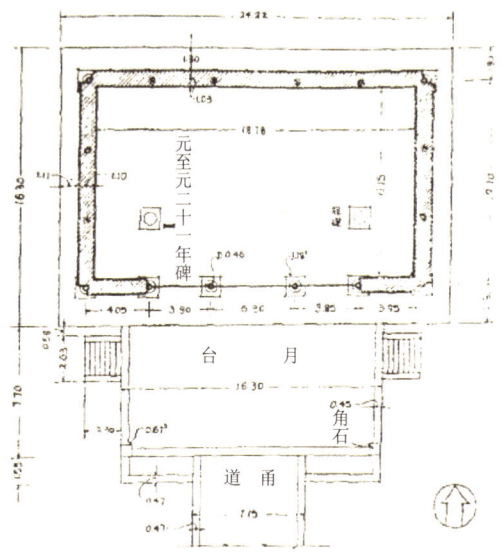

图一六 护国寺千佛殿平面图

那佛和文殊、普贤二菩萨所谓"华严三圣"为主神的"三圣殿"。千佛殿因其墙体以土坯砌成,而俗称之为土坯殿。其构造原始质朴,应为寺内年代最为古远之建筑。刘公调查时发现,该殿阑额以上部分已毁坏,只剩一周残垣,矗立于风雨之中(图一七、图一八)。殿面阔五间,进深显三间,面阔与进深之比约为5∶2,进深超过11米。殿内尘土堆积,未作清理。裸露在目前的,只有西第二缝前的金柱柱础一座(图一九)。刘敦桢先生认为:从结构上讲,各缝必皆有金柱,但其前后是否对称?则无由悬拟。殿中诸柱础覆盆上,有花纹隐现难辨,唯西北隅一石保存稍好。其雕刻手法,与河北安平元大德十年(1306)圣姑庙所见者相近。殿中大木之阑额前端多伸出隅柱外,并被垂直截去。这一做法,与山西、河北二省北部之辽代古建整然自成同一系统,而这一地区晚于辽的大同善化寺等金、元遗构皆非此式。关先生《城西访古记》曾记,民国初年该寺中此殿东南角曾存有木偶角神一具。此神作双手叉腰以承檐角,俗称硬朗汉。此物则与河北易县开元寺辽末毗卢殿所见同制。此二者,皆为该殿当为辽代建筑之有力佐证。千佛殿除正面明次三间装槅扇外,正面梢间及其余三面皆以墙壁包围。墙内侧旧有壁龛,安置小佛像无数,故有千佛殿之名。调查时佛龛虽亡,但墙表面纵横木版痕迹与浅绿色背光犹存,依稀可辨(图二〇)。殿内西次间,调查时还存有元世祖至元二十一年(1284)圣旨碑一通(图二一),刻僧录司札付般若院地产执照,并杂有蒙古白话。碑阴则镌地产四至,颇为详尽。殿之东西两侧,利用廊屋为走道,绕至殿后。复有东西横道,两端各辟

图一七 千佛殿正面

图一八 千佛殿背面

图一九 千佛殿柱础

图二〇 千佛殿壁龛残迹

一门,通至寺外。刘敦桢先生就调查所见指出:"以此殿式样衡之,舍大殿外,殆难其选。惟可疑者,大殿建于元世祖至元间,而此殿阑额纯属辽式,无由吻合。岂定演营寺之前,其地原有一寺,此殿乃旧寺所遗?抑其时大木架构利用辽代旧物,自他处移此,而柱础墙壁等为定演所构耶?"这两种假定,刘先生认为还是后一种与事实较为接近。

刘公调查时,在千佛殿月台东侧犹存三碑。由前向后,作倒"品"字状排列。"品"字凸前居南者无字;后列东侧者,为元皇庆元年(1312)赵孟頫撰书《大元大崇国寺佛性圆融崇教大师演公碑》,石质坚密,保存甚佳;后列西侧者,为元至正二十四年(1364)危素撰书《大元赐大崇国寺坛主空明圆证大法师隆安选公特赐澄慧国师传戒碑》,其下部已裂为三段,而以铁锭锔之(图二二)。月台前之西侧,亦存碑四通。它们作前一后三南北两横列布设。南边前列一碑,亦无字。后列三碑,东侧者,为至正十一年(1351)《大都重修崇国寺碑》;居中者,为至正十四年(1354)白话文圣旨碑,为历来治元代蒙语通俗文字学者所重视,碑阴还刻有元代南、北二崇国寺在大都以外香河、宝坻、永清、三河、遵化诸县及顺、邢、檀、通、蓟、杭等州寺产,为研究元代该寺及广义庙产之重要文献资料;西侧者,为明英宗天顺二年(1458)《大国师智光功行碑》。数碑中名声最大的,就是元至正十一年《大都重修崇国寺碑》。让它名噪一时的,并非它铭文内容的重要或书法的精美,而是因其碑额石雕造型的奇绝。它就是后世作为护国寺一大标志,称作"透龙碑"的那尊石碑(图二三)。据刘公在调查文中研究,中国古代皇室显贵所立石碑,碑首盘双龙之式至六朝始成立,至唐碑首外镌盘龙、内为主首题额方成定式。由宋迄元,碑首龙身渐趋瘦削,而元末更甚。龙身愈小,而盘曲纠缠之状愈复杂。至于此碑,龙身镂空透雕,徒悦俗人之目耳。其前元中及其后明初,均未见他碑再作此状。因其为独一份,故物以稀为贵,京中民众特以"透龙碑"呼之,俗又称其为"窟窿碑",几乎已成护国寺的金字招牌了。

关于千佛殿,还有旧传元丞相脱脱舍宅为寺说和姚广孝影堂两事,需稍作讨论。

《帝京景物略》在言及护国寺时曾有语曰:"寺为托克托丞相故宅,今千佛殿旁立一老髯幞头朱衣,一老妪凤冠朱裳者,托克托夫妇也。"此说自明末崇祯间其书面世至

图二一 千佛殿至元二十一年碑

图二二 元皇庆元年及至正二十四年碑

图二三 元至正十一年"透龙碑"

今，流传甚广，且信者众而疑者寡。然此说实有误区，不可据信。关振生先生在其所著《城西访古记》中，方首揭其误。其文云："托克托（一作脱脱），元末顺帝时人，彼时已有此寺，万无毁寺建宅之理。入明亦为梵宇，地初未易，亦万无改宅又为寺之理。故事：大臣奉旨出都或回京，例不至宅，皆寓寺中，俟复命后始回宅。窃以为当时托克托丞相必常假寓此寺，日久遂误寺为其宅耳。其夫妇之像，或为自负，或为贡谀，皆未可知。王云，昔有此像，装束与所记无异，今已无矣！或云第六层以后为宅址，以为垂花门不似庙，且门前有石兽故。然以地址而论，其宅不应如此狭小，且万不能建于殿后。盖垂花门与千佛殿仅数尺之隔也。"关先生此言，至少表明了"三个不可能"：一，托克托（脱脱）为元末顺帝时人，创建北崇国寺的定演是元初成祖时人，元末的托克托"不可能"舍宅建元初的北崇国寺。二，元末时已有北崇国寺，"不可能"毁寺建宅。三，元末明初也"不可能"再舍宅建寺。笔者以为，千佛殿之托克托夫妇塑像，最大可能应与民间所传明成祖时曾在千佛殿址上建过托克托祠有关。

据《帝京景物略》，明嘉靖年间因大兴隆寺遭灾将原祀该寺的僧录司左善世姚广孝少师影像，移祀护国寺千佛殿后的僧录司。因此，实际上是将姚广孝像移祀护国寺，而不是如某些书所记"改寺为影堂"。此像移至护国寺后，明代许多文人墨客观后多有题咏。如明蒋一葵《长安客话》即记云："京师有姚少师画像，面大方肥，红袍玉带，髡顶上戴唐帽，今崇国画像犹是僧服，姿容潇洒，双睛如电光之灿。像赞云：看破芭蕉柱杖子，等间彻骨露风流。有时摇动龟毛拂，直得虚空笑点头。盖本色衲子语。"明袁宏道《崇国寺游记》曰："崇国寺僧引观姚少师像，像赞皆本色衲子语，少师自题也。"明王鏊《姚少师像诗》云："下马摩挲读古碑，欲询往事少人知。独留满月龛中像，共识凌烟阁上姿。颇隐三毫还可似，功高六出

本无奇。金陵战罢燕都定，仍是臞然老衲师。"然至清于敏中等编《日下旧闻考》时，"姚广孝画像"已"无考"。坊间传言，千佛殿有一僧人塑像，或为明初姚广孝像。包世轩先生近日在电子邮箱中来信特告知笔者，那不是姚广孝像，而是蒙系藏传佛教喇嘛班丹扎释像，现此像存于北京法源寺。

（七）第七层：垂花门及门内东、西二塔

护国寺的第七层古建，是千佛殿身后正中的垂花门及门内的东、西二塔。千佛殿东西两侧，是利用廊屋而形成的通道。该通道延伸至殿侧居中，折而从东、西两边作横道，相向往中间而行，并于殿两山墙之间留有空缺，以通后院。越空缺而至后院，可见寺庙的东西两侧外墙均内移近十米许。墙之南端，各辟一侧门，可通寺外。两侧门以北，各有横向内院墙相向往中间延伸。此横墙正中之门，便是护国寺古建第七层的主体建筑——垂花门。说它是垂花门，是因为其建筑结构形态、作风方位，与清代北京四合院流行的垂花门基本相同，也是居于内院墙正中，也是骑墙的歇山顶门楼；前后廊檐下左右两侧，也均有木质竖直向下、末端悬空、刻有莲花的垂柱（图二四）。但它的位置，不在后世垂花门常处的临街倒座房以里，而在寺庙中重要殿宇千佛殿的身后。而且自垂花门以里向后，寺院的宽度从东西七十米收窄为五十米，且有以垂花门为界，分为

图二四　垂花门

图二五　垂花门前石狻猊　　　　图二六　垂花门内舍利双塔

前、后两院之势，有似于宫廷之分前朝与后寝。此外还显露，自垂花门向里宽度收窄为五十米，似乎保留的是明宣德年间改建寺庙以前的元代寺庙旧规。而从垂花门向南一直前出至山门，寺院横向放宽至七十米，好像应是明宣德改建后的新制。

垂花门前，列有石狻猊（图二五）。刘公认为石狻猊"依式样判之，至迟亦为明物"。近年房山金陵出土铜坐龙与此神态相似，故石狻猊的年代或可上溯至金、元。从图二四观之，垂花门前有石门墩大、小共两对。从门前有两对石门墩分析，这里有可能先后建过两次门，当然也有一门同时建两对门墩的可能。但笔者认为，还是以明清两代先后建过两次门的可能更大。关、刘二先生当年所见垂花门，多半应建于清康熙晚年。垂花门内，护法殿前东、西两侧，有两座喇嘛舍利砖塔（图二六）。刘公文前综述时，已将两塔大致定在元代。而在文中谈及这两塔时，则将外部绕塔之垣墙判定为后代增筑。其中东塔北墙下，北平研究院曾于民国二十年（1931），发现元延祐二年（1315）通奉大夫速安率子建塔题记石碑额一通，足证其为元延祐二年所建。西塔上有"舍利塔"三字题额，经刘公与妙应寺白塔等多座元明清喇嘛舍利塔形制比较，认为其形略高瘦，其年应略晚于东塔，在元延祐后至明中叶以前。笔者以为，两喇嘛舍利塔当首创于元初定演法师开山建寺之时，以合于律宗前殿（三仙千佛殿）后塔之定制。元延祐二年前，东塔先毁，故有速安复建之举。再后西塔又毁而复建，但未立石记年，故其年已不可确考。刘公之推定，应为信论。

（八）第八层：护法殿

护国寺古建第八层护法殿，当即《帝京景物略》所记之明景命殿。该殿面阔五间，前面关先生踏访时，殿体尚称完整（图二七），中祀三世佛犹存。殿旁壁上有小龛，与千佛殿相似，但数量略少，且内已皆无佛。东西两墙尚有佛像壁画（图二八）。带路喇嘛王星垣说，此殿内旧有五尺高铜佛像极多，庚子事变时就失去了。又说，这座殿内最东一隔间内，有明代姚广孝少师的木雕像一尊，他总歪戴着

图二七　护法殿

图二八　护法殿内壁画

一顶毗卢僧帽。谁要头天替他正过来，第二天他准又自个儿歪回去，可神啦！但那天因为门闭锁着，关先生也没瞧见。刘公调查，确认其为单檐硬山顶殿堂，且于前辟有走廊，在后附有抱厦。其时，屋顶一部业已残破。在殿内第二缝厚五公分板壁上，壁面施麻灰，绘曼陀罗图案，作风疑出明人手笔。梁柁枋心彩画，红地锦纹，两端旋子构图，极类明末清初所绘。刘公这次见到了那尊神秘的木雕"姚广孝像"（图二九），且发现其两胁还有两尊侍者像。刘公认为这些造像在明清尚非下乘，但不知是何时从寺后姚广孝影堂迁移至此的。笔者以为这个谜团不难破解，其最大的可能就是：当清末光绪年间原移置姚广孝木像的千佛殿遭遇突发大火时，是寺僧们于慌乱惶急之中，匆忙再抢出并移置于此的。包世轩先生所说实非姚广孝像而是班丹扎释喇嘛像者，不知是否就是此像。

护法殿前两侧，有不知名东、西配殿各三间。殿前有铁香炉一尊，形状与延寿殿前的那尊大致相同。殿前西阶下，有以石为座的石碑一通，额书"敕建大隆善护国寺藏卜坚参承继祖传住持碑记"，明嘉靖二十二年（1543）十月初二日制。此碑石质粗劣，文字已大多剥蚀，不可卒读。碑阴额书"续焰联芳"，下刻众喇嘛名。殿前台东阶下，有断碑额尚存，篆文可读为"西天佛灌顶大师寿像"。额下碑身尚余尺余残块，已被用作石料，砌入了台基之中，甚为可惜。

（九）第九层：功课殿

护国寺古建第九层，是功课殿。关先生在踏访记中称："（该殿）正殿前有抱厦，厦三面皆有门窗。厦内殿门上有康熙御笔题额曰'宝莲法地'，字与御印皆隆起，御印在左方上角。厦内高处，遍悬画佛像，极精细，大小一律而新旧不同。"笔者颇疑，这批"画佛像"极有可能就是藏传佛教特有的"唐卡"。记中还云，为关先生导访的王星垣喇嘛说："殿内祀长寿佛（即无量寿佛），因殿门闭，不能游览。"刘公调查确认：功课殿为面阔五间佛殿，它与殿前抱厦"均施悬山顶"（图三〇），且称殿门上"康熙'宝莲法地'匾额严整如新"。看来，从关先生踏访的1920年前后，直至刘公调查的1935年，护

图二九　护法殿内传"姚广孝像"

图三〇　功课殿

国寺的功课殿仍整体保存完整,应为清康熙年间装修一新者。

关先生在踏访时另记:"(在护法殿)院中,有石应量器,石柱承之,状如碗,沿之后,有圆孔。此器前又有石器,似应量而非,体较小,且刻花纹。应量器后有石座铁炉,上铸'道光二十七年八月吉日立'。鼎腹铸'护国寺东弹堂香炉一尊敬献'。其东北有石柱,高如人。王(星垣)云:'此日暮台也。'柱东有石座碑一,为藏文,碑阴无字。"刘公在调查中还称:"殿前东侧有杂屋数椽,颓败不堪。西侧,则久夷为平地矣。抱厦北,有石座二,后座置石量器,形如碗,未审何名。"功课殿内外,关、刘二先生所记大致相同。关较细致,而刘更专业。

(十)第十层:藏经楼

护国寺古建第十层,即最后一层,为藏经楼。关先生踏访时因第九层功课殿"殿后杂赁居人,不能尽游",干脆就没进去。只是据王(星垣)言略记之云:"东西各有楼,东楼已圮,西楼上有佛龛佛像,正面亦有楼,楼顶已无,楼中有一塔,其顶如笋,自外可见。据云原先无此楼,昔塔影见于口北,蒙人因为之建楼,以志敬仰。此与白塔无影,影照蒙古者,同一无稽。此塔东祀帕布喇嘛木像,西祀自在观音卧像。按:行住坐卧,为四威仪。此即卧像也。像为铜质,出自土中,人以为异,因祀于此。(王)又云:清德宗及慈禧太后崩后周年,雍和宫喇嘛来寺诵周年,有识藏字者因读藏文碑,谓文为帕布喇嘛事迹,其言极详,惜忘之矣。相传楼中塔,即帕布之塔。盖喇嘛二品以上者得赐塔也。"刘公后来对该寺藏经楼调查的记述较简略,但对楼内铜铸观音像的考察却极精细。其文曰:"第十层后楼三间,下层明间有喇嘛塔一基,塗白垩,俗传帕布喇嘛之塔,未知确否。西次间置铜质观音像一尊,无年代铭刻,传出自土中。像高一公尺六十六公分,曲右足,支右手膝上,尚存宋刻旧型。其肩上绦带纠缠,亦如其他元代造像。惟两臂僵直,毫无生气,且左膝以下,过于臃肿,与右腿凹曲,皆极不合理处。证以下部衣带卷结形状,与明正德间所塑北平延福寺诸像一致,或为元末明初作品未可知也。楼之左右,尚存阶台石一部,与西侧楼房连属,疑旧为转角楼房,年久倾圮,仅余西侧一部,而中央三间,则为最近重建者也。"楼中曾有的大与真人等高的铜质自在观音卧像,相传为出土品(图三一)。这一佛像对如何探究认识护国寺的建寺史十分重要,刘公调查时对其着墨虽不少,但与之相关的问题却仍未说透。这些,笔者将在后面的结语部分,再详为探讨。

三、结语

刘公在《北平护国寺残迹调查》中谈及其十层古建时曾说:"此寺自定演创建以来,迄今六百五十余年,经元皇庆、延祐、至正及明宣德、正统、成化与清康熙数度增修,蔚为巨刹。然考元代诸碑,其时主要建筑仅大殿、经阁、钟楼、山门、舍利塔、法堂、云堂及伽蓝、祖师二堂,似较现寺规模不逮远甚。又以遗物推之,

图三一 传藏经楼出土观音像

明以前者，唯存千佛殿残壁与舍利塔及元碑数通，皆萃聚于殿之前后。其余北部护法、功课二殿，与南部崇寿、延寿、天王、金刚诸殿，及钟鼓二楼、廊庑杂屋，依式样判断，咸属明清二代所建，而主要建筑属于明代者尤多。则现寺规模，决为明宣德、成化间增扩无疑矣！"

在介绍完十层古建后，刘公又说："寺之现状，论者每以垂花门以北堂殿三重，自成一廊，遂谓寺为二寺合并而成。然余考此寺遗物属于明以前者，如千佛殿与舍利塔，皆分布于垂花门与横道南北，则此部在元代决非二寺，无异明如观火。且门两胁之墙，距舍利塔甚近，苟为元至元、延祐间旧状，讵至偏促若是？此可依平面配置，决为后代增建者也。意者，寺之前部，自山门至千佛殿，为全寺主体；而垂花门以北，乃附属堂殿，与方丈、僧房、僧录司之属，其体制较卑，故于殿后以横道区隔南北，又于道之两端各辟一门，俾内外交通无虞混乱欤？"

刘公从寺中元代建筑千佛寺与舍利塔分踞垂花门横道南北，毅然判定该寺在元代绝非像有的论者所谓以垂花门为界合二寺而成，此言可谓洞若观火。他由此进一步判定垂花门与两胁之墙也绝非元代古建，"决为后代增建者也"，也是至真至确的明断。由此，垂花门前为何有两对石门礅的重要现象和与之有关的诸多疑问，也均可得到清晰而准确的解释。首先，这里曾先后建过两次门，而且还一宽一窄。其次，这两次门不是元建毁后明再建的关系，而是明建毁后清再建的关系。因为元代在那里根本就没建门，也没建门两胁的横墙，从千佛殿到舍利双塔院原本就是连成一气、全无阻隔的。这里的第一重门始建于明代，而且多半就在首改北崇国寺为大隆善寺的宣德四年。垂花门前外侧那对大号的石鼓门礅，应当就是明代给配的。由于明代的门较宽，而清门在明门基础上略有内收，故而明代的门礅就被甩在了外侧。但明门由于已毁，其样式已无从探究。清康熙年间重修护国寺，由于明门或已毁尽，或已败坏不可修复，故于其原址略加内收，便建成了当时业已流行的垂花门。明代以来在此建门的目的，诚如刘公所言，是为了区别尊卑，方便内外交通，令其"无虞混乱"。

由于以垂花门为界，该寺古建被分割成前宽后窄的两大块。所以有种意见认为：横向后窄为近五十米者，反映的是元代北崇国寺规模；横向后宽为近七十米者，反映的应是明宣德重建后的规模。这一说法，还是很有眼光、颇有道理的一种见解。

前面刘公所批评的护国寺应合二寺而成的意见，见于关振生的《城西访古记》。文中言"传云此寺原为二庙，由是而分"。但何人何时所传？未能明言。"由是而分"之"是"，所指则是千佛殿后建有垂花门的那道院墙前的东西通道。他引延寿殿前藏文碑阴所刻的"敕重修大隆善护国寺四至并官员人匠职名"中"北至小巷"文说："今庙后无巷，若云此处为二庙所分，则东西通行者为小巷耶？"笔者认为：藏文碑阴护国寺四至官员刻辞为明成化年间重修该寺后所刻，已无疑义。所言"北至小巷"之小巷，绝非关氏所指千佛殿后与垂花门前的东西通道，而是成化年间重修后护国寺北墙外的"小巷"。"今庙后无小巷"，不代表明代就没有。关氏此处议论，略显疏阔。

关于护国寺可分为二庙，关氏还提出了两个依据。一是王星垣云，以千佛殿后东西通道为界，寺僧"前为缁衣，后为黄衣"。即这通道前边的僧人都穿"缁衣"，也就是黑色僧衣，这通道后边的僧人都穿黄色僧衣。笔者认为，自明代以降，护国寺便呈蒙藏喇嘛与汉传僧众共处一寺的状态，穿黑色"缁衣"的应多汉僧，穿黄色僧衣的则应是蒙藏喇嘛。这只反映了护国寺内汉传僧众与蒙藏喇嘛在寺内有前后分居共存的现象，却不能成为护国一寺可分为二庙的证据。二是关氏又云:"再千佛殿以后之地,皆与千佛殿基同高,地势实高于前寺,似为二庙。"笔者按:关氏记录的这一现象,为刘公调查文所未及,但十分重要。它与这次王东先生文所测护国寺地区等高线相呼应,也与蔡蕃先生文护国寺当初选址于高地的结论相合。但这只能说明护国寺当初选址之地原为高丘,建寺者先将高丘上部削出一个稍高平台,以安排主殿千佛殿(华严三圣殿)以后的庙宇;下部再铲出一稍低平台,以安排前面各庙宇。如此布局,将主殿千佛殿建于高台之上,更显其高大雄伟,妙相庄严。但它绝不意味着护国寺可以分为二庙。

对藏经楼内相传为出土圣物的铜质等身自在观音卧像,刘公不吝笔墨和心力详作分析。他先以其"曲右足支右手膝上",云"尚存宋塑旧型";继而又以其"肩上绦带纠缠",云"亦如其他元代造像";最终以其"两臂僵直毫无生气,左膝以下过于臃肿",而疑之为"元末明初作品"。应当承认,刘公的治学态度是十分执着的,其结论也足可成一家之言。但其他的可能性也不容忽视,比如他所说的"尚存宋塑旧型",据此似便可断其为辽金仿宋之铜佛造像。而由于辽金主体民族属北方草原文化系统,他们的工匠仿宋铸造的佛像,自然与纯粹的宋造有精粗之分。如此一来,"绦带纠缠""过于臃肿""两臂僵直,毫无生气",就都显得容易理解了。并可据此进一步推断,此地辽金时很可能确有古刹,辽金鼎革之乱中,寺毁像埋,元初定演创建北崇国寺,该像出土献瑞。这样,千佛殿中一些形制可以早到辽金的木构件,便也都有了着落和足可解释的理由。

(由于论述有关问题的学术需要,本文使用了三十余幅图片,现就其来源作一必要的说明。图一,刘敦桢先生像,由王东先生提供,经本人翻拍修版后插入。图三,重绘护国寺平面现状图,由我所冯双元同志据刘敦桢先生《北平护国寺残迹》文同名图以电子扫描后在电脑中重绘,图中文字则由笔者亲手剪贴。图四,护国寺山门旧照,由马毅同志提供。经查,本人所供职的北京市文物研究所图书室,天幸便珍藏有原版《中国营造学社汇刊》全套。本文其余所有照片、线图,均由笔者于我所珍藏之1935年12月原版的《中国营造学社汇刊》第六卷第二期所刊刘敦桢先生《北平护国寺残迹》文所附图版中翻拍修整而成。在此,笔者首先要对我国古建学界泰斗,已仙逝半个多世纪的刘敦桢先生,致以我晚生后辈最诚挚的敬意!对其他一切为我本文提供图片之助的各位先生同志,一并致以深切的谢意!)

(作者单位:北京市文物研究所)

宋金元壁画墓中墓主夫妇图像的流变及象征意义再思

黄小钰

在中原及北方地区的宋金元壁画墓中流行着一个典型题材——墓主夫妇图像。宿白先生在《白沙宋墓》中最先考证了一号墓墓主夫妇图像与文献记载的开芳宴场景极为相似，因此，将此类一男一女面对面坐而宴饮、在宴饮的同时欣赏乐舞的图像称之为"开芳宴"，意为表现夫妻之间的恩爱及家庭生活的和睦。此后，学界普遍将宋金元壁画墓中的此类图像冠以"开芳宴"的名称。

这一墓葬表现题材曾出现于河北、河南、山西、内蒙古、山东等北方地区。据韩小囡博士统计，仅洛阳、开封一带发现的大约50座带有壁画或砖雕的北宋墓葬中，有20多座出现墓主夫妇对坐图像[1]。而刘耀辉先生统计出，在晋南地区发现的75座宋金时期砖雕壁画墓中，表现有墓主夫妇图像的共计19座[2]。可见这一题材在宋金元时期北方的流行程度。

近年来，随着对此类图像研究的逐步深入，"开芳宴"的提法逐渐为学术界摈弃，它的功能和意义有了新的观点和认识。秦大树认为，"从早期的一桌二椅演变到晚期的墓主人夫妇对坐、并坐的场景，是墓中最重要的装饰，似乎是在墓中设置的墓主人夫妇的灵位"[3]。李清泉认为，宋金时期以墓主夫妇对坐像为核心的墓葬装饰，显现出浓郁的"家"的意味，这类地下之"家"之所以被装扮得吉庆、温馨，宛然有"一堂家庆"的气氛，是因为墓葬风水思想使人们普遍认同，埋在地下先人的"吉宅""庆堂"是地上家族兴旺繁昌的象征和保障。其中蕴含和寄托着入宋以后正处于上升阶段的广大士庶阶层，在一个新的社会转型时期，为了己身利益和后世幸福而向祖灵发出的深切祈求[4]。易晴认为，北宋仁宗以后流行于宋金中原地区砖雕壁画墓中的"墓主人对（并）坐图"，虽然以"开芳宴"的形式，但是其核心的寓意应是在墓中为死者设置的灵座，而墓主人的画像则是具有标志性的图像，与丧仪过程灵座中放置在椅上的魂帛一样，代表着墓主人的灵魂[5]。张鹏从美术史研究的视角，认为宋金时期墓葬中的一桌二椅与夫妇共坐图像具有开放性和包容性，这种开放性的图像体现了孝道伦常和责任义务，上层权贵无奈的选择与下层民众理想的追求[6]。

一、墓主夫妇图像的类型

如前所述，宋金元壁画墓中墓主夫妇图像的构成要素无外乎几点：一是墓主夫妇对坐或并坐，二是乐舞的场面，三是其他辅助要素，如夫妇中间或前面放置桌子，桌上放置茶盏、果品或鲜花，墓主人身后或身旁有侍者，身后设置屏风等。墓主夫妇对坐或并坐是整个图像的基本要素，处于中心位置，比较固定和程式化，其他要素在不同的时期和不同的墓葬条件下会有所省略和变通。

宋金元时期出现了大量的仿木构建筑

宋金元壁画墓中墓主夫妇图像的流变及象征意义再思

图一 山西侯马牛村M1南壁砖雕

砖室墓，由此，墓主夫妇图像通常表现为壁画、砖雕及砖雕壁画结合。以这三种形式为载体的墓主夫妇图像均在本文的讨论范围之内。

根据图像构成要素的不同，墓主夫妇图像可分为如下几种类型。

第一类：一桌二椅，不出现墓主夫妇形象

目前所见最早有一桌二椅配置且有明确纪年的墓葬是1998年北京发现的唐乾元二年（759）何延本夫妇墓，墓室南壁绘有衣架和一桌二椅[7]。宋金元时期，有明确纪年的典型墓例有：山东工业大学北宋建隆元年（960）壁画墓[8]。该墓墓室周壁砌仿木建筑雕饰，东南壁砌灯檠、衣箱，东北壁砌一桌二椅。北壁砌假门假窗，西北壁砌衣箱、衣架、盆、勺等，西南壁砌架子。山西侯马牛村M1南壁上雕破子棂窗，下砌一桌二椅[9]（图一）。山西新绛三林镇二号宋墓北壁正中雕一板桌，两侧各置空椅子一把，椅后各立两侍女[10]。山西襄汾荆村沟金墓西北壁正中雕一桌两椅，两侧各站一侍者[11]。

如若往前追溯，在一些辽墓壁画中也出现过一桌二椅不见墓主人形象的图像，王银田在《大同辽代壁画墓刍议》一文中提到：山西大同地区辽代晚期壁画墓呈现出程式化特点，"北壁中间画屏风，上以花卉湖石之类点缀，屏之上方垂以帷幔，两侧各立一侍者，或男或女，或男女各一人，此'开芳宴'画面中墓主人绝不出现"[12]。

由此可以推测，唐末至北宋建立之前，是墓主夫妇图像的萌芽阶段，表现形式是一桌二椅，不出现墓主夫妇形象，并且已形成固定的样式进入墓室装饰。

第二类：有桌式墓主夫妇对坐图

此类图像画面表现为一桌二椅，夫妇完全侧身，面对面而坐或者半侧身对坐。又可分为两型：Ⅰ型，宴饮和乐舞配套；Ⅱ型，只有宴饮，无乐舞。

Ⅰ型典型墓例有：

1. 河南林县城关宋墓

该墓为彩色砖雕仿木构单室墓，墓主夫妇图像位于墓室东壁，画面中间砖砌一张高直脚方桌，两旁各雕一张侧面放置的靠背椅，男女主人侧身对坐于两把靠背椅上，桌上有瓷碗、注子、杯、盘，盘内盛有瓜果，桌下绘有两个瓮。墓室南壁绘帷帐中的"乐伎图"，两幅画面相互呼应。发掘报告推断该墓时代为北宋末年至金代初年[13]。

2. 山西侯马104号金墓

该墓是一座精美的仿木构砖雕单室墓，墓室北壁雕成面阔三间的厅堂形式，堂内，上雕花罩，下雕夫妻宴饮，画面中间是一张曲足桌，桌上放一盆盛开的牡丹花，没有食具。男女墓主人坐于两侧的花几上，含笑面对对面壁上的戏台。男主人手持念珠，女主人手持经卷，夫妻二人虔诚信佛。桌椅上方悬挂八角灯笼一个和珠帘一卷，代替了帷幔和屏风。对面戏台上并列四个戏剧俑人。发掘报告认为该墓时代为金代后期[14]。

此外，还有山西闻喜寺底金墓，年

墓、新安古村北宋壁画墓相同，推断其为北宋神宗和哲宗时期[15]。

2. 山西绛县下村墓

该墓为仿木结构砖室墓，墓室由主室和侧室组成。主室东壁绘墓主人夫妇对饮图，采用砖雕和彩绘相结合的表现方式，桌椅酒具用砖模，其余彩绘。夫妻两人左右对坐于砖雕四腿方桌两旁的砖雕靠背椅上，桌面中心雕酒壶和两个酒杯，没有花草、瓜果、帷幔、屏风等出现，没有乐舞的场面，整体风格比较简单，时代为宋末金初[16]。

3. 河北内丘胡里村金墓

八角形单室砖墓，没有仿木构建筑装饰。墓室壁画只出现夫妻对坐图，北壁正中有一张方桌，很矮，墓主人夫妇侧半身袖手坐于方桌两侧，椅子是圈椅，正面放置，有脚踏。桌上放置三个装有食品的盘子。女主人妆饰不是宋金时期汉人流行装束，带有少数民族风格。男主人衣着、帽饰与宋金时期中原汉族相同（图四）。该墓时代为金代初期[17]。

4. 河南巩县稍柴村宋墓

墓室圆形、尖顶、仿木结构，东壁砌有桌，两侧各有一椅，桌上放置酒壶和

图二 河南登封黑山沟宋墓西北壁夫妻对坐图

图三 河南新安宋村墓墓主图像

代为金中期；河南登封黑山沟宋墓（图二），年代为北宋末期等，均属这种型式的墓例。

Ⅱ型典型墓例有：

1. 河南新安宋村墓

该墓为方形仿木建筑单室墓，墓主夫妇图像位于墓室西壁，壁面正中雕刻一张高脚方桌，两旁各雕一张靠背椅，夫妻二人分坐于两张椅子上，脚踩脚踏。只出现了夫妻对饮的场面，没有乐舞的场面（图三）。发掘报告根据该墓的建筑风格及装饰与白沙一号宋墓、新安梁庄北宋壁画

图四 河北内丘胡里村金墓墓主图像摹本

图五 内蒙古赤峰元宝山元墓墓主图像

杯、碗,桌下放酒罐,椅子上坐有彩绘男女人物各一,男主人头戴硬翅幞头,身穿紫红袍,束腰带。女主人穿紫红短衫,紫红长裙,梳髻。根据墓室和壁画特征推断为北宋墓[18]。

第三类:无桌式墓主夫妇对坐图

仍然是墓主夫妇对坐,但二人之间的桌子省略,画面风格简化。典型墓例有:

1. 内蒙古赤峰元宝山元墓

小型砖砌单室墓,墓室呈方形,形似蒙古包,没有仿木建筑装饰。墓室北壁正中绘夫妻宴饮的场面。画面将厅堂描绘成蒙古族房屋室内样式,宽阔的帐幕之下男女主人相对而坐(半侧身),身后分别立有男女侍者一名。人物面相和衣着打扮均为蒙古族样式(图五)。没有出现桌子和食物[19]。

2. 陕西蒲城洞耳村元墓

八边形穹隆顶砖砌墓,没有仿木建筑装饰,东北壁绘墓主人夫妇侧身对坐于屏风前的圈背交椅上,双足置于脚踏,人物面容、衣着具有蒙古族特色[20]。

第四类:夫妻并坐图

夫妻二人全身正面并排而坐,画面中或有桌子或没有桌子。典型墓例有:

1. 内蒙古赤峰三眼井元墓

小型砖砌单室墓,八角形墓室,穹隆顶,没有仿木建筑。仅有夫妻二人宴饮图绘于正北面壁上,画面中间绘一张长方形矮脚桌,桌上摆各种食具食品,男女主人正面平坐,男主人蒙古族装束,女主人打扮汉化,为元代妇女流行样式。女主人身后有两个女侍者,男主人身后有一个男侍者[21](图六)。

2. 山西稷山马村4号金墓

M4北壁砌门楼,在门楼内部的墙上砌一壁龛,龛内两侧砌板门一扇,内置墓主人夫妇像及男女侍童,墓主夫妇并坐于椅上,两旁是男女侍童[22](图七)。该墓为金代早期墓葬。

3. 山西汾阳金墓M5、M6

M5墓室西壁正中雕刻墓主人夫妇宴饮图,夫妇二人正面并坐于椅上,面前置案,上置二盏,背后设屏风,上方有帷幔(图八)。M6情况与M5类似,墓室西壁正中隔扇门正中绘一案,案上置杯、碗、

图六 内蒙古赤峰三眼井元墓墓主图像

钵、盏等，墓主人夫妇正面并坐于案后椅上，身后有门形立屏，屏风两侧各立一侍者。这批墓葬的时代为金代早期[23]。

4. 山西闻喜县小罗庄2号金墓

2号墓北壁卷帘下一桌二椅，桌上置牡丹花一盆，墓主人夫妇正面并坐于两旁的椅子上，两旁有男女侍从（图九）。

二、墓主夫妇图像流变及含义的探讨

考察以上典型墓例，墓主夫妇图像在北宋建立之前即已出现了画面的雏形，随后在不同的历史阶段以画面的基本要素为中心不断发展变化。抛开没有墓主人形象出现的第一类墓葬，笔者以年代、区域、画面的整体风格及有无配套的乐舞场景为依据将以上墓例归纳如附表。

从时间维度来看，墓主人夫妇图像的流变经历了以下四个阶段。

阶段一：北宋建立之前为萌芽期。画面为砖雕一桌二椅，不出现墓主人夫妇形象。

阶段二：北宋中晚期到金代初期为发展期。画面多采用砖雕与壁画相结合的形式，墓室空间用仿木结构装饰，夫妻宴饮与乐舞配套，也出现没有乐舞的情况，桌椅形制为高脚直角方桌、高靠背椅，桌上多放置酒具，墓主人身后多放置屏风。

阶段三：金代中期至元代初期为繁盛期。画面多采用砖雕与壁画相结合的形式，夫妻宴饮与乐舞配套，也出现没有乐舞的情况，桌椅形制出现了曲足方桌，桌上摆设出现瓜果、鲜花，墓主人身后陈设出现帷幔、竹帘等。

阶段四：元代中期到晚期为衰落期。此期以壁画为主，砖雕与壁画结合的形式变少，只出现夫妻宴饮的场景，不出现乐舞的场景。桌子很矮，带有蒙古族风格，甚至省略桌子，变成夫妻正面并坐的形式。画面组合和装饰趋向简化，墓室内较少采用仿木结构装饰，而多用蒙古族帐幔

图七　山西稷山马村4号金墓墓主图像

图八　山西汾阳金墓M5墓主图像

图九　山西闻喜县小罗庄2号金墓墓主图像

宋金元壁画墓中墓主夫妇图像的流变及象征意义再思

附表：墓主夫妇图像统计表

墓葬名称	年代	区域	画面风格	乐舞场景
河南巩县稍柴村宋墓	宋代	河南	一桌二椅，高脚桌，男女墓主人对坐，桌上摆酒具	无
河南新安宋村墓	北宋中晚期	河南	一桌二椅，高脚桌，男女墓主人对坐，桌上摆酒具	无
河南林县城关宋墓	北宋末金代初	河南	一桌二椅，高脚桌，男女墓主人对坐，桌上摆酒具	有
河南登封黑山沟宋墓	北宋末期	河南	一桌二椅，高脚桌，男女墓主人对坐，桌上摆酒具	有
山西绛县下村墓	北宋末金代初	晋南	一桌二椅，高脚桌，男女墓主人对坐，桌上摆酒具	无
河北内丘胡里村金墓	金初	河北	一桌二椅，矮桌，男女墓主人侧半身对坐，桌上放盘子，人物装束有少数民族风格	无
山西稷山马村4号金墓	金代早期	晋南	无桌二椅，墓主夫妇正面并坐	无
山西汾阳金墓M5、M6	金代早期	晋南	夫妇二人正面并坐于椅上，面前置案，上置二盏，背后设屏风，上方有帷幔	无
山西闻喜寺底金墓	金代中期	晋南	一桌二椅，男女墓主人侧半身对坐，桌上放餐具和瓜果	有
山西闻喜县小罗庄二号金墓	金代中期	晋南	一桌二椅，桌上置牡丹花一盆，墓主人夫妇正面并坐于两旁的椅子上，两旁有男女侍从	有
山西侯马104号金墓	金代后期	晋南	一桌二椅，曲足桌，男女墓主人侧半身对坐，桌上摆牡丹花	有
内蒙古赤峰三眼井元墓	元	内蒙古	长方形矮脚桌，桌上摆各种食具食品，男女主人正面平坐，人物装束有少数民族风格	无
内蒙古赤峰元宝山元墓	元	内蒙古	无桌，半侧身相对而坐，人物面相和衣着打扮均为蒙古族样式	无
陕西蒲城洞耳村元墓	元	陕西	无桌，半侧身对坐，人物面相和衣着打扮均为蒙古族样式	无
山东济南港沟镇元墓	元	山东	一桌二椅，高脚桌，男女墓主人对坐，桌上摆盆，男主人蒙古族打扮，画风简单	无
山东章丘青野元墓	元	山东	一桌二椅，男女墓主人对坐，图像简练	无

的形式。图像中人物的装束多带有蒙古族风格。

综合上述，大致可以推断出墓主人夫妇图像的流变在地域上经历了一个自西而东的过程：北宋建立之前已在北方地区出现雏形；北宋中晚期到金代初期在东京开封和西京洛阳及周边区域得到发展，出现了桌椅、墓主人、乐舞等基本要素兼备的图像；而后，在金代的晋南地区，该图像发展盛行，从整个墓室的装饰、营造的氛围到该图像中桌上的摆设、墓主人身后的陈设等都有了不同程度的变化，画面更为繁复精致；最后，在元代的鲁东地区，该图像出现变通的形式，比如墓主人夫妇由对坐变为并坐，省略桌子、乐舞等要素，图像一再简练直至衰落。

巫鸿先生在研究汉代武梁祠画像石的画像内容时提出了"偶像型图像"和"情节型图像"两个概念。他认为，图像中西王母和东王公正襟危坐，威严神圣，无视左右侍从而直视图像外的观者。同时，观者的目光被引导到画面的中心，直面这两位神主，画中的主神不仅存在于图画内部世界，还依赖于画外观者的存在。这种以一个假设的画外观者或膜拜者为前提，以神像与这个观者或膜拜者的直接交流为目的的开放性对称构图称之为"偶像型构图"；而主要人物总是被描述为全侧

· 53 ·

面或四分之三侧面，且总是处于行动的状态中，图中的人物是相互关联的，以表现某个故事情节或生活中的叙事性状态为主题，内向性非对称构图称之为"情节型图像"[24]。

按照这样一个理论前提，笔者认为宋金元时期墓主人夫妇图像可以分为两种情况来讨论。一种为墓主夫妇四分之三侧面对坐，或正面并坐，如果单独构图，并没有乐舞和其他图像配套出现，画面风格庄严肃穆、冰冷漠然，其象征意义可以理解为后世子孙对于祖先的祭祀和供奉。一方面，这类图像构图独立，并处于墓室的核心位置。墓主夫妇端坐于画面的中心，直视观者，给观者带来极强的视觉冲击力，即所谓的偶像式构图。这很容易让我们联想到在祠堂、寺庙等场所看到的祭祀和供奉对象，同样是正面端坐，目光炯炯，眼神直视正对面的观者，据此，我们是否可以推测墓室中的这类图像也具有接受祭祀和供奉的功用。另一方面，部分墓葬中出现的墨书题记进一步印证了偶像式构图的意义。例如，山西侯马乔村金墓，墓主夫妇中间的桌几上方刻有"永为供养"四个大字；山西文水的元代石室墓，墓主人夫妇对坐图中的方桌上设有"祖父之位"的灵牌；山西兴县元代壁画墓，男女墓主人侧身对坐，中间小桌上放有香炉、小盒，身后有一方型座屏，座屏前的长条形供桌上立有牌位，题记"祖父武玄圭，父武庆母景氏"。这里的墓主人夫妇图像就像是供奉在祠堂中的祖先肖像一样，表达对死者灵魂的祭祀和供奉。

而另外一种情况，墓主夫妇全侧面或四分之三侧面，并且与墓室其余各壁面的图像如乐舞、备茶、侍洗、启门等日常家居生活相互呼应，尤其是与散乐或杂剧表演的场景遥遥相对或紧紧相连，画面风格活泼开朗，生活气息浓厚。这类图像则表现的是一种理想化的期待，希望死者在另一个世界过上理想中的家居生活。纵观这类墓例，无论是墓室内富丽堂皇的仿木构建筑、桌上摆放的茶酒瓜果，还是环绕周围谦卑侍奉的侍从，都让人感受到造墓者在极力营造一个其乐融融、和谐美满的家居生活画面。

正如北宋张纲的《万年欢·荣国生日》中所写："岁晚寒凝，正萱舒四叶，梅吐孤芳。庆诞佳辰，开筵盛集萱堂。合坐春回锦绣，卷帘处、花簇笙簧。除乐禁、初许闻韶，应时欢宴何妨。"[25]又如南宋何梦桂《沁园春·寿何逢原北堂》中写到："戏舞称觞，一堂家庆，眼见儿孙曾又玄。奇绝处，看菱花白发，不改朱颜。"[26]两诗中萱堂集筵、戏舞称觞的生活场景可以说与墓室中描绘的画面不谋而合——富丽堂皇的居室、歌舞升平的宴乐、桌上酒果飘香、四围家仆环绕。墓主人身份均为平民、中小地主和富商等社会底层人民，他们所追求和向往的美满、惬意的理想生活莫过于此，而墓室中一幅幅理想生活的画卷便是期待死者在另一个世界能够过上这样的生活。

三、结语

流行于宋金元时期的墓主人夫妇图像在时间上经历了北宋建立之前的萌芽、北宋中晚期到金代初期的发展、金代初期到元代初期的繁盛、元代中晚期的衰落等几个发展阶段。在区域上经历了从北宋的两京地区、金代的晋南地区、元代的鲁东地区这样一个自西而东的过程。此类图像的象征意义和功能可分为两种情况，偶像型图像表现的是对逝者的祭祀和供奉，而叙事型图像表现的是理想化的期待，希望逝者过上理想中的家居生活。

---

① 韩小囡：《宋代墓葬装饰研究》，山东大学博士学位论文，2006年。

② 刘耀辉：《晋南地区宋金墓葬研究》，北京大学硕士学位论文，2002年。

③ 秦大树：《宋元明考古》，文物出版社，2004年，第146页。

④ 李清泉：《"一堂家庆"的新意象——宋金时期的墓主夫妇像与唐宋墓葬风气之变》，《美术学报》2013年第2期。

⑤ 易晴：《宋金中原地区壁画墓"墓主人对（并）坐"图像探析》，《中原文物》2011年第2期。

⑥ 张鹏：《勉世与娱情——宋金墓葬壁画中的一桌二椅到夫妇共坐》，《美术研究》2010年第4期。

⑦ 高小龙：《北京清理唐砖室墓》，《中国文物报》1998年12月20日第1版。

⑧ 该墓资料由济南市考古所刘善沂老师提供。

⑨ 山西省考古研究所侯马工作站：《侯马两座金代纪年墓发掘报告》，《文物季刊》1996年第3期。

⑩ 杨富斗：《山西新绛三林镇两座仿木构的金代砖墓》，《考古通讯》1958年第6期。

⑪ 代遵德：《山西襄汾金墓清理简报》，《文物》1989年第10期。

⑫ 王银田：《大同辽代壁画墓刍议》，《北方文物》1994年第2期。

⑬ 张增午：《河南林县城关宋墓清理简报》，《考古与文物》1982年第5期。

⑭ 杨富斗：《山西侯马104号金墓》，《考古与文物》1983年第6期。

⑮ 洛阳市文物工作队：《河南新安县宋村北宋砖雕壁画墓》，《考古与文物》1998年第3期。

⑯ 运城行署文化局、绛县博物馆：《山西绛县下村发现一座砖雕墓》，《考古》1993年第7期。

⑰ 贾成惠：《河北内丘胡里村金代壁画墓》，《文物春秋》2002年第4期。

⑱ 傅永魁：《河南巩县稍柴清理一座宋墓》，《考古》1965年第8期。

⑲ 项春松：《内蒙古赤峰市元宝山元代壁画墓》，《文物》1983年第4期。

⑳ 陕西省考古研究所：《陕西蒲城洞耳村元代壁画墓》，《考古与文物》2000年第1期。

㉑ 项春松、王建国：《内蒙昭盟赤峰三眼井元代壁画墓》，《文物》1983年第4期。

㉒ 山西省考古研究所侯马工作站：《山西稷山马村4号金墓》，《文物季刊》1997年第4期。

㉓ 山西省考古研究所、汾阳县博物馆：《山西汾阳金墓发掘简报》，《文物》1991年第12期。

㉔ 巫鸿：《武梁祠——中国古代画像艺术的思想性》，三联书店，2006年，第149页。

㉕ 唐圭璋：《全宋词》，中华书局，1999年，第1195页。

㉖ 唐圭璋：《全宋词》，中华书局，1999年，第3991页。

（作者单位：首都博物馆）

明清社稷坛祭坛坛土保护及土源研究

盖建中 李 羽

北京中山公园源于明、清皇帝祭祀土神、谷神的社稷坛，建成于明永乐十八年（1420），是皇权王土和国家收成的象征。社稷祭坛是社稷坛的核心，其最上层坛台分别按照五个方位铺垫着五种颜色的土壤：东方为青色，南方为红色，西方为白色，北方为黑色，中央为黄色，俗称五色土。社稷坛自建成至今，经过了近600年风雨的洗礼，其祭坛土壤已经出现各种问题。

本次调研采取文献分析、地质实验室分析法首次就社稷祭坛坛土历史、现状展开研究。

一、社稷祭坛坛土的由来与象征意义

封土为社的祭祀制度，其文化渊源可以追溯到新石器时代。浙江瑶山祭坛遗迹，祭坛呈方形，三重，由红土、灰土和黄褐色土"三色土"而筑。与后来的社稷坛有着某种耐人寻味的联系[①]。其后在崧泽文化遗址、良渚文化遗址多有发现。崧泽文化距今约5800-4900年，属新石器时代母系社会向父系社会过渡的阶段，以首次发现的上海青浦区崧泽村命名。在其遗址发现东西长50米、南北宽7米的祭台，祭台上分布黑、灰、白色不同颜色的土层，是迄今发现最早的五色土祭祀遗迹。

《白虎通义》曰："天子有太社焉，东方青色，南方赤色，西方白色，北方黑色，上冒以黄土。"[②]那么，天子太社，为什么要按五个方位选取"五色土"呢？这主要源于中国古代哲学的"五行"思想。中华传统文化认为，"金、木、水、火、土"五种物质是组成世界万物的基本要素，把这五种要素称为"五行"。古人习惯于把世界上的事物分为五类，而以五为基数的方法广泛用于古代天文、历法、思维模式、礼数、医学、音乐等各个领域，逐渐形成了"五行配五"的系统观念。社稷祭坛五色土所包含的五方、五色、五行之间的相互对应关系主要体现在：东方青土代表木，南方红土代表火，西方白土代表金，北方黑土代表水，正中的黄土则代表土。

五色土既是中国古老的五行学说实物例证，也是政权稳定的物化体现。古代分封诸侯时，王者按封地所在方位取坛上一色土授之，供在封国内立社之用。从而体现出中央对地方的统治，及地方对中央的归属，象征着"普天之下，莫非王土"。

二、社稷祭坛坛土变化情况

（一）祭坛取土地的演变

早在《尚书·禹贡》便提到："徐州厥贡五色土"，在九州贡品中是特有的。《汉书·郊祀志》记载："徐州岁贡五色土各一斗"，专供朝廷使用。《同治徐州府志》记述得更具体："赭土山产五色土，贡自夏禹，汉元史五年，唐开元至宋皆有入贡"③。赭土山，即现在江苏徐州西郊的楚王山。据史料记载，自夏商周时期，徐州每年都要在楚王山取贡土进奉，供君主封坛立社，在当时被称为"禹贡九州"。2015年，中山公园工作人员与曾经报道找到五色土的《徐州日报》《彭城晚报》记者及提供新闻线索的徐州文史专家联系，了解到徐州楚王山千佛洞历史上确实发现过五色土岩石，但现在已无法采集。

经查，《明史》卷四十九《吉礼三》中记载了社稷坛的取土情况："洪武四年建。取五方土以筑。直隶、河南进黄土，浙江、福建、广东、广西进赤土，江西、湖广、陕西进白土，山东进青土，北平进黑土。天下郡县计三百余城，各土百斤，取于名山高爽之地。"这是明初朱元璋建都南京时对社稷祭坛用土的要求，明永乐十八年建都北京，坛庙宫殿规制悉如南京。清建都北京后，仍沿用明代的社稷坛，在《钦定工部则例·祭·社稷坛》中记载："每祭，社稷坛上敷五色土，太常寺前期行文工部，转行涿州春、秋两季各进黄土十袋又七分七厘，青、赤、白、黑土各九袋；房山县春、秋二季，各进黄土五袋二斤，青、赤、白、黑土五袋；东安县春季进青、黄、赤、白、黑土五十六袋五十斤一两五钱；霸州秋季进黄土十二袋十五斤一两五钱，青、赤、白、黑各十一袋十斤。"另查阅《日下旧闻考》《顺天府志》《明会典》《清会典》，可证上述记载可靠。

经考，霸州、涿州、房山县、东安县是明清顺天府下辖的州县，顺天府尹官责之一就是安排四州县解送坛土。

（二）祭坛铺土量的变化

自明建坛以来，每年春、秋祭，皆由顺天府进铺坛土二百六十石。《明孝宗实录》记载了明弘治五年（1492）正月社稷坛祭祀用土量的变化："社稷坛春秋祭，每用铺坛五色土二百六十石，顺天府民取而输之神宫监石加八斗。本府言土以饬坛，义取别其方色，初不以多为贵，况小民取之山谷，劳费不赀，请着为定例，庶民劳可纾，而有司亦无延误之失，命工部尚书贾俊会神宫监、太常寺核用土多寡之数。俊等至坛相度言：常年所输土用以铺坛，厚可二寸四分，若厚止一寸，则仅用百一十石而足。遂以为请得旨铺坛土止以厚一寸为度，令今后但如此数办纳。"④这段话大意是：孝宗皇帝认为，铺设社稷祭坛坛土，本意为别其方色，并不以多为贵，况且百姓从山中将土挖掘并运送到皇城，耗费巨大，实在劳民伤财，因此命工部尚书贾俊会同神宫监、太常寺官员至祭坛查看所铺坛土用量及厚度。经过测算，铺坛用土二寸四分，如果将铺土厚度改为一寸，则可以使铺土量降为原先的一半。因此将社稷坛铺土由原来的二寸四分改为铺土一寸，并规定今后均按此数办理。

关于明清两朝取土后如何管理，坛土运抵京师后礼部、太常寺如何现场勘验，祭祀前如何铺坛土等问题，目前没有找到详细的文献记载。民国时期曾组织人员测量，为保护文物并将社主石半埋土中。据现在可以查到山本赞七郎所拍老照片，坛土铺注很高，社主石上加盖木盖，与《清会典》记录一致。

三、社稷祭坛坛土的保护与研究

（一）中华人民共和国成立以来坛土修整情况

社稷祭坛年代久远，历经风雨，多有残缺破损之处，中华人民共和国成立以来，多次修整坛土。在查阅部分园史资料的基础上，2016年，公园组织专人采访了1953年来园工作的原工程队队长刘广东，请他回忆"文化大革命"期间五色土的一些情况。根据录音整理中华人民共和国成立以来公园五色土修整工程如下：

1953年时，五色土中心为一国旗杆，原社主石置于社稷街门外空地上。1964年6月至9月，在维修五色土坛台阶时，将坛土按其方色一一取出过筛，并回填。

"文化大革命"期间，五色土被列为封建遗物，以"绿化结合生产"名义，1967年曾在五色土上种植棉花，后闲置。当时，并未破坏五色土土壤。

1973年8月，经市建委同意及市革委会副主任万里批准，恢复坛上五色土，面积225平方米。工程分两步，首先撤掉坛台国旗杆，重新安放社主石，然后铺设五色土。工程主要做法是：将国旗杆挖出，在挖掘过程中发现，表层黄土大约40至50厘米深，下方便是土质更加夯实的泥土。将国旗杆取出后，在原位置放置社主石，半埋于土中。据测量，社主石高1.2米，50厘米见方。随后五种颜色的土过筛。具体做法是先在不同颜色的土之间铺设木条加以定位，然后将五种颜色的土分别取出（五种颜色的土厚度均为40至50厘米，下层为黄色泥土），经人工拍散、反复过筛后，重新铺设进祭坛坛台中，用木桩人工压实。其中除红色土运自房山，其他颜色的土壤均为坛台内挖出过筛后回填的。工程施工人员为公园工程班职工。随后几次对五色土的整修，也都是将坛土翻整，并未混入其他土壤。1983年，为保护古迹，防止游人践踏五色土，在坛台四周设置1.26米高铁护栏⑤。

1985年10月25日至1986年4月25日，重点维修五色土坛。主要工程项目为：坛台上五色土分颜色全部移至台下，补充10至20厘米厚度的黄土轧实，再将五种颜色土壤分别恢复原位，填平分格轧实，要求低于石押顶1厘米。同时归整、油饰祭坛坛台铁护栏⑥。

1991年8月至1995年6月，公园在祭坛开设露天舞场，举办营业性舞会，曾在五色土坛台摆放音响设备，并未破坏坛台土壤。后舞场搬至祭坛东北部的愉园。1994年11月10日，再次修整祭坛五色土，翻筛坛土，按五方颜色回填，恢复五色土色彩鲜艳、界限分明的原貌。

1995年至今，定期翻整五色土壤及除草，未修缮祭坛坛台及更新土壤。

（二）首次五色土专项调研

2016年，根据公园管理中心领导要求，为了更好地保护五色土，公园组织人力开展专项调研。调研工作步骤如下：

1. 梳理文献资料

安排专人分头查阅公园收藏历史文献，包括《明史》《清史稿》《明会典》《钦定太常寺则例》《顺天府志》《日下旧闻考》《河北省地名志》等十余种数十卷，组织人员集中梳理56种587条历史文献资料。

2. 电话采访历史土源地政府

经电话采访河北省霸州市（廊坊市代管）、河北省涿州市、北京市房山区（房山区较历史上房山县范围有所扩大）、河北省廊坊市安次区马头镇（东安乡已经取消）。四地方当地文史人员对有关五色土解送事均表示不知情，州县志中的记载不详，待进一步考证。

3. 咨询文史专家

先后向河北清东陵管理处研究室主任徐广源、首都师范大学历史系教授郗志群、首都图书馆原副馆长韩朴、天坛公园原副园长姚安等专家了解社稷坛坛土有关情况。专家表示社稷坛坛土取土地历史文献描述较多，但具体细节尚未有权威发现。清史专家徐广源先生曾提及查阅清代工部则例，但中国第一历史档案馆此类信息不开放，无法查阅。

4. 走访老职工

2015年安排专人登门走访1973年参与恢复五色土老职工刘广东（时任工程队队长）。录制50分钟采访录音，了解当年有关情况。2016年电话采访原管理科科长张东明、老干部孟祥龄（中山公园第一轮修志编辑），了解当年是否把庄稼种在五色土上。据老同志回忆，当时把五色土取出来另存，庄稼种在下面的黄土上。

5. 组织地质检测

2016年2月，到北京市地质调查研究院实地考察并与研究院吕金波教授接洽。北京市地质调查研究院是首都地区专门承担"基础性、公益性和战略性"地质调查任务的专业队伍。吕金波，教授级高级工程师，该研究院副总工程师，主要从事北京地区的区域调查工作。该测试中心可承担岩石、矿物、土壤、水、生物和环境等47类样品的元素测定，并以其强大的研究能力和科学管理为后盾，为国家基础地质科学研究、矿产资源调查及社会各种需求提供有力支撑。我们同时咨询了解土样检测分析项目费用及取土样需要注意的具体事项。经园领导同意，委托该测试中心进行五色土土样61项微量元素分析检测并出具报告。

2016年8月6日（星期六）上午7时至9时，由吕金波副总工程师现场指导，公园勘测五色土部分数据。使用工具为3米卷尺1副、海鸟牌30CM直角及等腰三角尺各1副、海鸟牌25CM半圆量角器1副、北京地质仪器厂地质罗盘仪1副、佳明户外手持GPS经纬度定位坐标仪1台。

勘测结果为：（1）中部黄土交界线南北长2.98米，东西长3.05米。（2）社主石南北长0.56米，东西长0.50米。经目测，社主石为石英砂岩，层理南北向，方锥形。（3）社主石垂直立面出土高度为5厘米；方锥体尖顶至土面高度为21厘米。据吕总工描述，社主石顶部经二次风化呈圆滑型。（4）将电子坐标仪置于社主石上尖顶处，社主石所在经纬度，测量三次，首次测为北纬39°54′35.2″，东经116°23′18.9″，海拔高49米。第二次测为北纬39°54′35.2″，东经116°23′18.9″，海拔高48米。第三次测为北纬39°54′35.2″，东经116°23′18.9″，海拔高47米。（5）社主石南北走向角度为180°，东西走向角度为265°；社主石上部方锥体西坡角度为33°，东坡角度为41°，南坡角度为35°，北坡角度为33°。社主石交错层理走向由南到北4°。（6）五色土青土与红土交界线角度为135°，红土与白土交界线角度为132°，白土与黑土交界线角度为135°，黑土与青土交界线角度为134°。经罗盘测量，青土与红土交界线走向为332°，青土与黑土交界线走向为240°。坛台各石质边缘宽0.48米。

取五色土样本分析。使用工具为花卉种植小铲子2把、国泰电子厨房秤1台、克林莱18cm×20cm加厚密实袋15个。卷尺等同前文。

具体操作方法：（1）使用3米卷尺测黄土至青土交界线中点，即1.5米处，画延长线贯穿青土至坛台边缘，青土至坛台边缘距离为5.9米，取该延长线中点，即2.95米处青土土壤样本。挖土坑直径12厘米，取土深度6厘米。取土重22克（含封口袋重5克）。取土后回填。（2）使用3米卷尺测社主石边长中点即0.25米处，画延长线贯穿黄土至黄土与青土交界线，使用卷尺取从社主石到该延长线0.30米处黄土土壤。取土深度7厘米，取土重29克（含封口袋重5克）。以相同测量方法选取相同点位、深度取红土25克，取白土27克；以相同测量方法选取相同点位黑土27克，取土深度为9厘米。

以上5份土样于8月8日送国家地质实验测试中心进行61项主微量元素检测，11月4日取得检测报告[⑦]。

通过实验室分析，获得祭坛各色坛土单位重量下部分微量元素所占百分比数据：黄土中所含的二氧化硅达到59.89%、氧化铝达到13.55%，五氧化二磷达到0.24%（红土中仅含0.06%）；青土中所含的氧化铝达到19.83%（白土为10.58%）、氧化亚铁达到2.51%（红土为0.59%）、氧化钾达到2.99%（白土为2.08%）；红土中所含的二氧化硅达到64.36%、氧化铁达到5.34%；白土中所含的氧化钙达到14.76%、二氧化碳达到11.51%；黑土中所含的氧化镁达到2.18%、氧化钠达到1.39%。

四、社稷祭坛坛土保护思路

明清社稷坛坛土经历了近600年的历

程，其保护和展示始终是中山公园历史文化保护与研究的重要课题，近年来在上级领导的大力支持下，公园管理处初步就其保护制定了基本思路：坚持最小干预、原状展示原则。日常加强维护，风雨后及时观测、平整。当然，随着时间推移，祭坛坛土肯定会出现一些缺失，但缺失量不足以影响展示时，暂时不做补充。其原因是祭坛坛土的选择既要考虑可持续性，也要考量其历史文化底蕴。其土源地备选方案更需要考虑所在地承载的人文信息，当然也要准确掌握地质土壤信息，从而确保坛土符合历史、自然、人文多种需求。

根据明清两代相关史料记载，同时依据我国目前土壤颜色分布情况，五色土土源地拟分为以下两条线索。

1. 按照明代史料记载，并结合吕金波总工程师建议，可在全国范围内进行土壤踏勘。建议地点为：黑土，黑龙江大庆（大庆油田所在地）；黄土，陕西（黄帝陵，是中华文明发祥地之一，春秋秦国所在地）、山西（中华文明发祥地之一，春秋晋国所在地）；红土，江西（朱熹理学、陆王心学发源地，是红色根据地）、广西（从70万年前就有人类活动；是古代岭南文化的代表地）；青土，山东、河北（自古燕赵多慷慨悲歌之士，山东是孔孟之乡，河北是京畿门户，历史悠久）；白土，甘肃张掖。

2. 经咨询专家，建议到昌平区十三陵（红土）、门头沟区（马兰黄土）、通州区稻田（青土）、房山区大石窝（白土）、昌平区南口高里掌（黑土）实地踏勘。

上述两条线索，目前都只停留在理论、文献基础上，如实施还需做可行性研究。社稷祭坛坛土虽有过扰动，但其作为历史文化重要物质载体具有一定保护意义。坛土的更新工作必须建立在科学的分析基础上，深入比对和分析相似、相近土壤，多方论证，确保文物安全。

---

① 芮国耀：《余杭瑶山良渚文化祭坛遗址发掘简报》，《文物》1988年第1期。

② （汉）班固：《白虎通义》卷二。

③ 张成珠：《五色土与社稷坛》，《人民日报（海外版）》2011年5月6日第15版。

④ "中央研究院"历史语言研究所：《明孝宗敬皇帝实录》卷五十九，弘治五年，影印本。

⑤ 北京市中山公园管理处：《中山公园志》，中国林业出版社，2002年，第50—51页。

⑥ 北京市中山公园管理处：《中山公园园史资料汇编》第十三卷，第4页。

⑦ 国家地质实验测试中心：《委托检测报告》，编号GDBWJ16210，2016年10月24日。

（作者单位：北京市中山公园管理处）

北京国子监现存明嘉靖二十三年甲辰科进士题名碑刻碑时间考

张 璟

北京国子监进士题名碑是国内规模最大、保存最完整的进士题名碑林，作为记载元明清科举史的文献载体和重要史料，无论在数量上还是地位上都具有不可替代性，具有极高的历史价值。进士题名碑见证了科举制度的兴衰，堪称是一部写在石碑上的科举史。然而，经过数百年的历史变迁，进士题名碑存在着风化、断裂、局部缺失、裂隙与空鼓、表面污染与变色等各类病害，令人深感痛心。鉴于石质文物的病害随着时间流逝越来越严重，作为孔庙和国子监博物馆文物保管工作者，肩负着保护并研究馆内文物的历史使命。出于尽力保存馆藏石质文物的历史信息、完善文物档案的目的，笔者对北京国子监元明清三代进士题名碑进行了大量的勘察、辨别、拍照、记录工作，获得了北京国子监进士题名碑形制的详细档案并进行了元明清进士题名碑的比较研究工作。在调查研究过程中，笔者发现明嘉靖二十三年（1544）甲辰科进士题名碑从形制上明显异于其他明代进士题名碑，因而对其立碑时间产生了怀疑，遂对其展开了深入研究。

一、明代进士题名碑概况

北京孔庙一进院内矗立着自明永乐十三年（1415）乙未科至崇祯十三年（1640）庚辰科共76通明代进士题名碑和明崇祯十三年特用题名碑。明永乐十三年乙未科进士题名碑是立于北京国子监的第一通明代进士题名碑。《明太宗实录》卷一六二载："（永乐十三年三月）庚申，命行在工部建进士题名碑于北京国子监，命右春坊右庶子兼翰林院侍讲杨荣撰记。"而最后一通明代进士题名碑则为崇祯十三年庚辰科。崇祯十六年（1643）癸未科因明朝之将亡未及立碑。

76通明代进士题名碑分列在大成门东西两侧和先师门东西两侧，数量分别为：大成门东侧（南向）北起第一排15通，大成门西侧（南向）北起第一排17通，先师门东侧（北向）第一排22通，先师门西侧（北向）南起第一排22通。

明代进士题名碑皆为首身一体。碑首主要有圆首和方首抹圆角两类，碑首为方首抹圆角的进士题名碑整体呈"甲"字

图一 明嘉靖二十六年(1547)丁未科进士题名碑"甲"字型碑身

形,即碑首两侧较碑身略宽(图一)。碑首均饰有边框、线刻或浅浮雕满铺云纹,唯嘉靖二十三年甲辰科进士题名碑的碑首纹饰为高浮雕云纹和湖石。

明代76通进士题名碑的额题均为篆书,其中67通碑的额题为"赐进士题名记"(图二),另有"年号+纪年+进士题名记(例:嘉靖十一年进士题名记)"5通及"进士题名记""赐进士太学题名记""年号+纪年+进士题名之记(例:永乐二十二年进士题名之记)"各1通。此75通额题的重心都落在"记"字,与碑文中的题记相呼应,显示了明代进士题名碑乃是"纪功"礼器的属性。然唯有嘉靖二十三年甲辰科进士题名碑的额题为"赐进士题名碑","碑"与"记"虽仅一字之差,却在本质上与明代进士题名碑的属性不符。

明代进士题名碑碑阳的碑文,明中期以前为上题记下题名,明后期仅有题名而无记。明代进士题名碑自永乐朝开始有记。"永乐二年三月,命工部建进士题名碑于国子监,命侍读学士王达撰记。题名碑有记始此。(《宪章录》)"①对于从有记到无记的变迁,《日下旧闻考》有如下记载:"'朱彝尊原按'进士题名,其初,释褐后即撰记立石,后乃有迟之

图二 明嘉靖二十六年丁未科进士题名碑的额题

一二十年始立石者。至万历丙戌、己丑则有题名而无记,戊戌以后则惟癸丑一榜有记而已。士大夫论资格日严,而忽视题名如此,良可叹也。"②结合对立碑时间的研究,笔者发现仅有题名而无题记的各碑与明后期工部监督主事王振奇和工部营缮清吏司署郎中事主事王灏监镌的各碑重合,说明明代后期进士题名碑不再题记的缘由从根本上是对进士题名立碑之事不重视。

明代进士题名碑的题记包括撰记人和正书并篆额人的职务及姓名、策试时间、贡士数量、相关历史事件及撰记或立碑日期等内容,是重要的历史文献。北京国子监76通明代进士题名碑中,现可辨上有题记者56通。依《钦定国子监志》(以下简称《监志》)对嘉靖五年(1526)丙戌科和嘉靖三十五年(1556)丙辰科的记载:"记文已磨灭,撰书人姓名及立碑年月俱不可辨。"③"记文及撰书人姓名俱磨灭难辨。谨案:《明太学志》载为吴山撰文。"④此二碑应有题记,但风化严重已无从辨认。另外,嘉靖二十年(1541)辛丑科有记,但因是补记,碑上没预留空地而无法补刻。对此,《监志》在该碑后有这样的说明:"是碑《明太学志》云:礼部尚书徐阶撰记。朱彝尊《日下旧闻》引刘中柱《六馆日钞》,并同日钞。又云:工部右侍郎谈相书。今观是碑,字甚完好,并无记文。及阅嘉靖二十六年丁未科,礼部尚书顾可学碑记,始知乙未、辛丑、甲辰、丁未四科立石已久,俱阙撰记,至庚戌科乃命李本、徐阶、孙承恩、顾可学等补撰勒石。今乙未、甲辰、丁未三碑皆有记,其撰人姓名与顾记及《太学志》合,独是碑无记,盖诸碑篆额下俱留余地,得以补刻,而是碑篆额与题名连属,一无空阙,是以遗而不刻。"⑤这里提到的"甲辰科"即指明嘉靖二十三年科,而《监志》中提到"明进士题名碑有记者凡六十通,重见复出,文义一律,兹并不录。"⑥应是包括了嘉靖五年丙戌

科、嘉靖二十年辛丑科、嘉靖二十三年甲辰科和嘉靖三十五年丙辰科4通碑。这说明嘉靖二十三年碑上原应有题记。然现存的嘉靖二十三年甲辰科进士题名碑题名上方则无题记，代之以首列制诰，与史料记载不符。

二、明清进士题名碑形制特征的区别

明清进士题名碑在形制特征上主要存在以下区别。

（一）外观特征的区别

明代进士题名碑均为首身一体，碑首为圆首或方首抹圆角，其中碑首为方首抹圆角者碑首两侧较碑身略宽，整体呈"甲"字形。而清代进士题名碑的碑首主要为方首和螭首，清顺治至康熙末年的进士题名碑为首身一体，碑首与碑身等宽，或碑首仿首身分体，宽度和厚度都较碑身略突出；自康熙末期至乾隆中期以螭首为主；此后至光绪三十年（1904）末科都是方首，以首身分体为主，部分为首身一体。

明代进士题名碑碑身无纹饰，碑首均饰有边框、线刻或浅浮雕云纹，整个碑首满铺云纹，不留空隙。而清代进士题名碑中部分碑的碑身四框饰有纹饰，清顺治至康熙末年的进士题名碑碑首纹饰类似明代，有边框、线刻或浅浮雕云纹，云纹风格与明代十分相似。乾隆中期至光绪三十年末科的进士题名碑碑首纹饰则变为高浮雕，纹饰内容主要为云纹与湖石搭配，云纹不再满铺整个碑首，而是局部留白，且部分碑首的碑阳和碑阴均有纹饰。

（二）碑文内容及体例的区别

首先是额题。明代进士题名碑的额题主要为"赐进士题名记"，前文已做说明，此处不再赘述。而清代进士题名碑额题的主要类型为"某某科题名碑"，114通中有71通属于此类；另有"某某科进士题名碑""某某年题名碑"等类型，所有额题最终都以"碑"字结束。"记"与"碑"虽仅一字之差，却是明清两代进士题名碑的典型区别之一。

其次是碑身文字。除明后期一时所立的各碑外，明代进士题名碑的碑阳分为上题记和下题名两部分。明代进士题名碑的题名（图三）按照第次分列书写，分别为：赐进士及第第一甲三名，赐进士出身第二甲××（人数）名，赐同进士出身第三甲××（人数）名；同一第次内进士题名的书写格式为第次比题名抬高一格，题名自上向下依名次书写，写满一列后换行；题名内容为进士姓名、籍贯。部分明代进士题名碑的碑阴有试官题名，自永乐十三年至成化十四年（1478）的22通碑中，有19通⑦的碑阴有试官题名。成化十四年以后，唯嘉靖十一年（1532）壬辰科有试官题名。因此明代进士题名碑碑阴有试官题名者共计20通。试官题名包括读卷官、提调官、监试官、受卷官、弥封官、掌卷官、巡绰官、印卷官、供给官九类，分为上下两部分，自右至左排列。

清代进士题名碑的碑阳为首列制诰下题名，仅顺治三年（1646）丙戌科和康熙十二年（1673）癸丑科无首列制诰。制诰内容与殿试榜文一致，其实质就是诏书，因此清代进士题名碑的实质是"石化的金榜"⑧。各科首列制诰的内容大致相同，以康熙三年（1664）为例："奉天承运皇帝制曰康熙三年三月二十日策试天下贡士沈珩等二百名第一甲赐进士及第第二甲赐进士出身第三甲赐同进士出身故兹诰示，

图三 明嘉靖二十年辛丑科进士题名碑题名（局部）

康熙三年三月二十一日"。自道光朝始，在年号纪年与策试日期之间增加了干支纪年，譬如："光绪十二年丙戌科四月二十一日"。自清光绪九年（1883）癸未科至光绪三十年末科，首列制诰的结尾与前朝不同，皆采用"用兹诰示"而不是"故兹诰示"（图四）。清代进士题名碑题名部分的书写格式与明代不同，"碑头下横分为若干排，每排若干名，名下写某省某县人，每名一行，每行下空一格，不与下行人名相连"[9]。唯顺治三年碑的题名为依名次自上向下书写，与明代进士题名碑的书写格式相同。关于第次的提法，各朝各科存在差异。如顺治三年丙戌科、顺治九年（1652）壬辰科进士题名碑为"赐进士及第第一甲三名、赐进士出身第二甲××（人数）名、赐同进士出身第三甲××（人数）名"，与明代相同；顺治朝其他各科、康熙朝、雍正朝为"第一甲、第二甲、第三甲"；乾隆、嘉庆、道光、咸丰四朝为"第一甲赐进士及第、第二甲赐进士出身、第三甲赐同进士出身"，无具体人数；同治朝为"一甲三名，二甲××（人数）名，三甲××（人数）名"；光绪朝则初同乾隆朝的提法，后同康、雍两朝提法。第次的书写位置一般比题名抬高一至两格，唯光绪朝第次提法同康、雍两朝的各科，第次反倒比题名降低一至两格。以光绪三十年碑为例，"一二三甲字皆作一行，低一格写于人名之前。就此题名碑为例，如第一甲行后，提高一格写'刘春霖直隶肃宁人'，二名朱汝珍，三名商衍鎏，顺序排写之，是为赐进士及第者。第二甲第三甲写法皆同。"[10]

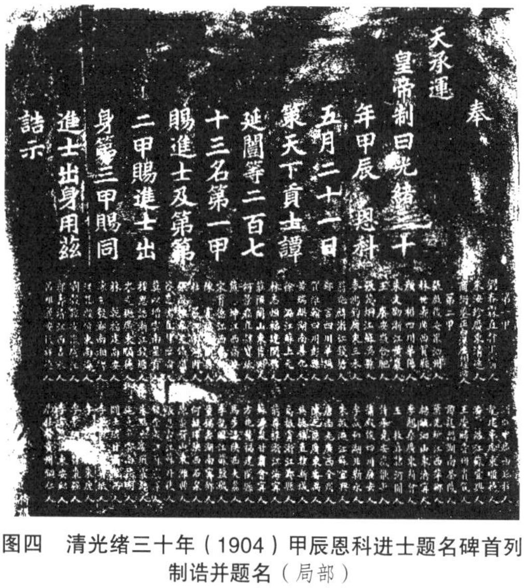

三、嘉靖二十三年甲辰科进士题名碑文献记载及现状

（一）相关文献记载

嘉靖二十六年丁未科进士题名碑的题记（图五）中记载了嘉靖乙未、辛丑、甲辰、丁未、庚戌五科同时补撰题记的历史事件："礼成，礼部奏请工部于国子监立石题名未及撰记迩者大学士臣严嵩修举阙典以嘉靖乙未、辛丑、甲辰、丁未及今庚戌五科疏，请上命臣李本臣徐阶臣孙承恩顾可学臣李默分撰，钦此。"而且清代编修的《监志》中也在调查原碑的基础上提及此事。可见，嘉靖二十三年甲辰科进士题名碑的原碑上确有题记。然现存的甲辰科进士题名碑上却没有题记，代之以首列制诰。

关于明嘉靖二十三年甲辰科的题名数量，《世宗嘉靖实录》中记载为：

图四　清光绪三十年（1904）甲辰恩科进士题名碑首列制诰并题名（局部）

图五　明嘉靖二十六年丁未科进士题名碑题记

"嘉靖二十三年三月丁巳赐进士秦鸣雷等三百十七人及第、出身有差。"⑪《监志》中则记载为："赐秦鸣雷等三百二十二名及第出身题名碑。"⑫考虑到《监志》对原碑有考证，可能是以题记中的策试贡士人数为依据。而现存的嘉靖二十三年甲辰科进士题名碑上仅有题名二百九十五人（包括九处留空）。首列制诰中则为"策试天下贡士秦鸣雷等二百九十四名"，此一名之差应是忘记题名第七排第一个的留空（图六）。经核《明清进士题名碑录索引》中本科的题名，第三甲谷中虚（碑作谷庵）后至石鲸之间应有18名进士，王宗盛〔碑作（空）宗盛〕与靳学曾之间应另有两名进士，另据地方志又补缺六名，题名总数为三百二十一名。嘉靖甲辰科准确的进士人数仍待考，但现存题名缺失了部分进士是不容争辩的事实。现存题名出现留空现象，说明刻碑人对于甲辰科题名情况并不了解，很可能是因原碑对应部分风化不清又没有查阅史料所致。谷中虚与石鲸之间的18名进士题名尽数缺失的原因也很可能是由于这些题名已全部风化不清，留空太大有碍观瞻，故重刻时全部忽略。

（二）题名碑现状

明嘉靖二十三年甲辰科进士题名碑立于先师门西侧自西向东第七通，首身一体，碑首与碑身同宽，大部分碑座沉降于地下。碑首有高浮雕云纹和湖石的纹饰。额题为"赐进士题名碑"，其体例与清代进士题名碑额题一致，而异于明代进士题名碑的额题"赐进士题名记"。如前文所述，"记"与"碑"一字之差，却是明、清两代进士题名碑的典型区别之一。

该碑碑文分为首列制诰、题名两部分。首列制诰（图七）的内容为："奉天承运皇帝制曰嘉靖二十三年（空）月（空）日策试天下贡士秦鸣雷等二百九十四名第一甲赐进士及第第二甲赐进士出身第三甲赐同进士出身故兹诰示"。特别需要提请注意的是，其他清代进士题名碑的首列制诰中都有准确的策试日期，唯此碑的首列制诰中具体月日前留空，说明刻碑之人并不清楚策试的具体日期，也没有查阅史料记载。另外，首列制诰中"策试天下贡士"后的人名应为当科会元瞿景淳，而此制诰中则为当科状元秦鸣雷，也说明刻碑之人并不求严谨，只是完成形式而已。

而该碑题名部分除有上文中提到的留空现象外，还存在题名内容不全、题名错误等问题。有些题名仅有姓而无名，有些仅有名而无姓，有些无姓名有籍贯，有些有姓名无籍贯。有些题名虽既有姓名也有籍贯，但姓名中存在错误，或缺字或错字，比如二甲第30名季德甫（碑作"李德甫"）、三甲76名谷中虚（碑作"谷庵"）、三甲98名张邦彦（碑作"耿邦"）等。科考是历朝历代的重事，据《明实录北京史料》中记载，顺天府乡试出现人名错误时，皇帝要求即行更正，可

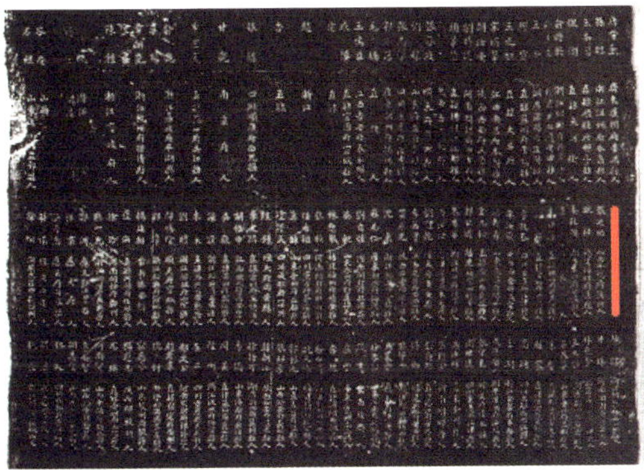

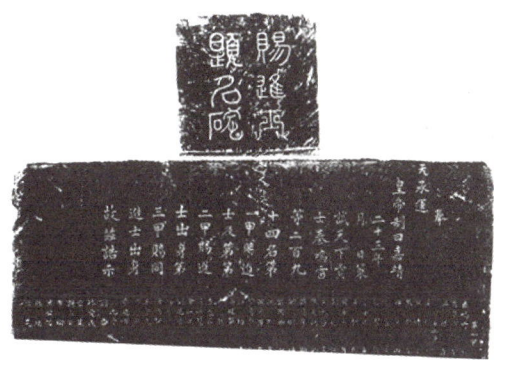

图六　嘉靖二十三年甲辰科题名第七行第一列的留空

图七　明嘉靖二十三年甲辰科进士题名碑首列制诰

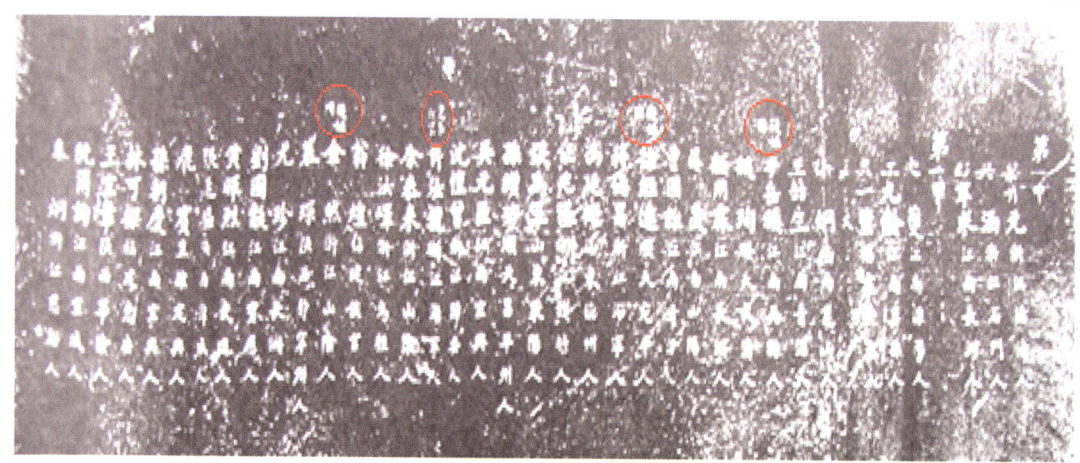

图八 清康熙二十一年（1682）壬戌科小字标注"更名复姓"

推想，更何况是进士题名！清代进士题名碑上也存在"更名复姓"的情况（图八），发现错误便及时订正。嘉靖甲辰科如此大量的题名错误在当朝立碑时是绝不可能发生的，而且这些错误题名多为形近字，推测是后人在重刻时未查证史料而仅依据原碑可辨的痕迹进行猜测所致。

嘉靖二十三年甲辰科进士题名碑题名部分的书写格式为横分为若干排，同一第次内题名自右至左排列，与清代进士题名碑的题名体例相同，而与明代进士题名碑中题名纵分为若干行且同一第次内自上向下依名次书写的体例则完全不同。嘉靖甲辰科题名第次的提法为"第一甲""第二甲""第三甲"，也与明代"赐进士及第第一甲三名""赐进士出身第二甲××（人数）名""赐同进士出身第三甲××（人数）名"的提法完全不同。

此外，从拓片上可以看出，现存甲辰科进士题名碑在题名时各排疏密程度不一，先疏后密。一共七排题名，前四排题名之间留空过多，导致后三排过于紧凑（图九）。这也从一个侧面反映了刻石人的不严谨。

四、刻碑时间考证

根据上文分析，现存嘉靖甲辰科进士题名碑与文献记载的嘉靖甲辰科进士题名碑的碑文内容存在极大差异，且现存碑的碑文内容极不严谨，有悖于历代进士题名碑的立石标准，应非原碑本来面貌。现存

图九 明嘉靖二十三年甲辰科进士题名碑
题名排与排之间疏密不一

嘉靖甲辰科进士题名碑的形制完全异于明代，而与清代进士题名碑基本一致，从形制上看应为清代重刻。

为缩小刻碑的时间范围，笔者从历史文献的相关记载及该碑形制特征展开了如下分析。

（一）相关文献记载

根据《监志》记载，"吴鳞潭苑为祭酒时，稽考旧碑，明永乐至崇祯凡七十八科，碑仅存三之二。……又令吏掘地遍索，独永乐碑不见。一日宫墙倾，吏哗曰：'永乐碑得矣。'于是前后井井，用全一代之制。"[13]清康熙三十一年（1692）吴苑任国子监祭酒，是时清代进士题名碑仅立顺治三年丙戌科一通，明代各碑皆为原碑。清嘉庆十八年（1813）时任国子监祭酒的姚文田对孔庙一进院内所有明代进士题名碑的碑文进行了认真勘察，并撰写了《太学进士题名碑记考》，对前人的谬误进行了详细的勘正。"以碑后年月为据"，在"年久补立者"中提及"嘉靖甲辰"，说明当时该碑上还有立石时间，此时所立仍为明代原碑。《监志》中也明确记载了嘉靖甲辰科撰、书人为"资政大夫、礼部尚书兼翰林院学士、（缺）詹事府事孙承恩撰记，儒林郎、大理寺右寺（缺）（缺）副（缺）（缺）书"。该版本的《监志》是以光绪二十二年（1896）补刊本为底本，参阅了"四库本"和"道光本"。撰、书人的空缺部分说明《监志》对碑文的记载是对原碑或拓片进行的誊录，因风化个别字难以辨认而导致空缺。这说明在道光朝续修《国子监志》时原碑极有可能尚存。

（二）形制特征分析

通过对元明清三代进士题名碑的整体考察及比较研究，笔者发现不同朝代的进士题名碑具有独特的时代特征。因此，形制特征可以作为判断现存嘉靖二十三年甲辰科进士题名碑刻碑时间的重要依据。

笔者主要从碑首纹饰、首列制诰体例和题名体例等几方面进行分析。

首先是碑首纹饰。嘉靖二十三年甲辰科进士题名碑的碑首纹饰与明代进士题名碑的碑首纹饰完全不同。如前文所述，明代进士题名碑的碑首均饰有边框及满铺的线刻或浅浮雕云纹（图一〇），风格统一。而嘉靖二十三年甲辰科进士题名碑的碑首则饰有高浮雕云纹、湖石（图一一），其风格特征与乾隆中期至光绪末科的进士题名碑碑首纹饰相近，特别是与光绪朝进士题名碑的碑首纹饰极为相似（图一二）。

其次是首列制诰体例。明代进士题名碑碑身文字分为两类：一为上题记下题名，二为仅有题名。清代进士题名碑碑身文字以首列制诰下题名为主要体例，极个别仅有题名。嘉靖二十三年甲辰科进士题名碑的碑身文字与清代进士题名碑一致，为首列制诰下题名。此外，嘉靖二十三年甲辰科进士题名碑的首列制诰结尾处使用的是"故兹诰示"，而自清光绪九年癸未科以后，清代进士题名碑的首列制诰皆以"用兹诰示"取代"故兹诰示"结尾。

综合对相关历史文献及以上形制特征

图一〇 明隆庆五年(1571)辛未科进士题名记碑的碑首

图一一　明嘉靖二十三年甲辰科进士题名碑碑首

图一二　清光绪三年（1877）丁丑科进士题名碑碑首

的分析，可以推断，现存的嘉靖二十三年甲辰科进士题名碑应为清嘉庆十八年至清光绪九年期间重刻。

第三是题名体例。嘉靖二十三年甲辰科进士题名碑题名中第次采用的是"第一甲""第二甲""第三甲"的提法，且第次比题名降低两格。较之清代各朝进士题名碑题名部分的第次提法，顺治朝（除三年丙戌科、九年壬辰科外）、康熙朝、雍正朝及光绪朝（除二年丙子科、六年庚辰科为"第一甲赐进士及第""第二甲赐进士出身""第三甲赐同进士出身"外）皆采用了"第一甲""第二甲""第三甲"的提法，然而前三朝的第次均较题名抬高一至两格，光绪朝则较题名降低"一至两格"。嘉靖二十三年甲辰科进士题名碑的第次提法及书写格式与光绪朝各科（除光绪二年、光绪六年两科外）完全一致。

至此，可以推断明嘉靖二十三年甲辰科进士题名碑的重刻时间应在清光绪二年（1876）至光绪九年期间。

在与光绪朝历科进士题名碑的比较研究中，笔者发现嘉靖甲辰科首列制诰的体例与光绪二年、光绪三年（1877）、光绪六年（1880）三科相同，异于光绪九年至末科各科，而题名体例则与光绪三年及光绪九年至末科各科相同，异于光绪二年和光绪六年两科。也就是说嘉靖二十三年甲辰科进士题名碑的形制特征与光绪三年丁丑科进士题名碑高度一致，与光绪朝其他各科则均存在差异。因此，可以推断现存的嘉靖二十三年甲辰科与光绪三年丁丑科两碑应为同一时期所刻。

经进一步研究，笔者发现，光绪三年丁丑科进士题名碑的首列制诰（图一三）亦非当科所刻，而是在制式文本上填空。填空前的原文应是"奉天承运皇帝制曰光绪（空）年（空）月（空）日策试天下贡士（空一行）（空若干格）第一甲赐进士及第第二甲赐进士出身第三甲赐同进士出身故兹诰示"。因此出现了"日"字前一个空格填写了"二十一"三个字，"天下贡士"后两行挤了十一个字。经仔细辨认，"名"字是将原来的"第"字磨后改刻的，又在"名"下重刻了一个小"第"字，应是因所留空白不足以刻下"百二十九名"五字所致（图一四）。而且首列制诰中"天下贡士"后的人名本应为当科会元刘秉哲，却写成了当科状元王仁堪，这亦说明该碑非当年所刻，且刻碑人并不求严谨，更似例行公事。

随后，笔者又对光绪朝进士题名碑的题名体例及立石落款部分进行了研究，发现光绪二年丙子科和光绪六年庚辰科的题名体例完全一致，且通过立石落款中立石人署名可以判断为当年立石。而纵观光绪一朝只有光绪三年丁丑科和光绪二十九年（1903）癸卯科没有立石落款，其余十一通光绪朝进士题名碑均有立石落款。癸卯科立石之时国子监已被裁撤，该碑为进士

图一三　光绪三年进士题名碑首列制诰

集资立石，未题写立石落款尚可解释。但光绪三年丁丑科进士题名碑没有立石落款一定程度上说明了该碑的刻立存在特殊性。考虑到光绪三年丁丑科进士题名碑题名部分第次的提法与光绪二年丙子科、六年庚辰科不同，却与光绪九年癸未科至光绪末科一致——为"第一甲""第二甲""第三甲"，且较题名降低两格；但首列制诰的结尾处使用了"故兹诰示"，区别于光绪九年癸未科至末科的"用兹诰示"。综上可以推测，清光绪三年丁丑科的刻碑时间分为两段，首列制诰的制式部分为清光绪三年至九年之间所刻，首列制诰的具体日期、人名、人数及题名则为清光绪六年以后补刻。

综合上述对现存明嘉靖二十三年甲辰科和清光绪三年丁丑科两碑刻碑时间的分析，由于嘉靖甲辰科进士题名碑为一次性重刻而成，因此其重刻时间应与光绪丁丑科进士题名碑的补刻时间重合。因此，明嘉靖二十三年甲辰科进士题名碑的重刻时间应为光绪六年至光绪九年之间。

研究过程中，笔者也试图通过题名中的避讳书写方式来判断刻碑的具体时间，但无奈进士姓名中没有需要避讳的字，因此不能依此进行断代。

根据研究推断，明代所立嘉靖二十三年甲辰科进士题名碑的碑文应为上题记下题名，而现存该碑的碑文为首列制诰下题名，如能找到该碑在清代不同时期的拓片进行对比，例如清光绪六年之前和光绪九年之后的拓片，或可揭示重刻时间的谜底。至于为何相隔三百余年后清人又重刻明代进士题名碑，且如此仓促，尚需假以时日对史籍进行深入研究后再予以考证。

五、结语

以上是有关北京国子监现存明嘉靖二十三年甲辰科进士题名碑的情况和笔者的初步调查研究结果。此碑乃为清代重刻这一事实，说明了清代确实存在对前代进士题名碑进行补刻的现象。同时，这一发现也为研究清代北京国子监进士题名碑的立碑制度和历代进士题名碑的发展演变提供了重要资料。

图一四　"第"字的改刻

① （清）于敏中等：《日下旧闻考》卷六十七《官署·国子监》，北京古籍出版社，2001年，第1107页。

② （清）于敏中等：《日下旧闻考》卷六十七

《官署·国子监》，北京古籍出版社，2001年，第1110页。

③（清）文庆、李宗昉等：《钦定国子监志》卷六十二《金石志十·进士题名碑》，北京古籍出版社，2000年，第1118页。

④⑫（清）文庆、李宗昉等：《钦定国子监志》卷六十二《金石志十·进士题名碑》，北京古籍出版社，2000年，第1120页。

⑤（清）文庆、李宗昉等：《钦定国子监志》卷六十二《金石志十·进士题名碑》，北京古籍出版社，2000年，第1119页。

⑥（清）文庆、李宗昉等：《钦定国子监志》卷六十二《金石志十·进士题名碑》，北京古籍出版社，2000年，第1111页。

⑦ 笔者按：成化十四年以前的现存明代进士题名碑，仅正统四年(1439)己未科、天顺八年(1464)甲申科、成化十一年(1475)乙未科三通进士题名碑的碑阴无试官题名。

⑧ 邢鹏：《北京国子监元代进士题名刻石调查研究——元至正十一年进士题名记刻石考辨》，《中国历史文物》2007年第5期。

⑨⑩ 商衍鎏：《清代科举考试述录及有关著作》，百花文艺出版社，2004年，第144页。

⑪ 赵其昌：《明实录北京史料》第三册，北京古籍出版社，1995年，第350页。

⑬（清）文庆、李宗昉等：《钦定国子监志》卷八十二《志余二·缀闻》，北京古籍出版社，2000年，第1501页。

（作者单位：孔庙和国子监博物馆）

华美的清代乾隆时期雕漆

——兼赏几件北京艺术博物馆藏清代雕漆

胡桂梅

雕漆是漆工艺中的重要品种之一，其工艺复杂，先在器物胎骨上髹涂一定厚度的漆，少则二三十道，多则百道，然后在漆的厚层上雕刻花纹。根据漆色的不同可分为剔红、剔黑、剔黄、剔绿、剔彩等品种。

雕漆，根据文献记载唐代已经出现，目前所见最早实物为宋代雕漆，元代的雕漆取得了长足发展，并形成了髹漆肥厚、雕工圆润、藏锋清晰的时代风格，留下了一批传世雕漆，其中不乏张成、杨茂等名家之作。明代早期，由于元代雕漆巨匠张成之子张德刚主持果园厂的漆器生产，永乐、宣德时期的雕漆仍保持着元代雕漆的风格，漆层肥厚，花纹层次感很强，刀痕不露，磨工大于雕工。明中期以后，雕漆漆层减薄，作品层次感不强，有些作品的纹饰与锦地漆的层厚度相当；雕刻刀法上虽保留着早期雕漆的磨退，但已难掩饰刀锋快利、磨工不细的痕迹。明晚期以嘉靖、万历为代表，此时雕漆已出现雕工精细、刻后不磨、锋棱明显的特点。

清代，由于乾隆皇帝的喜爱，雕漆技术空前发展，不仅融汇了明代的风格特点，并有所创新和发展。雕漆作品的应用范围也进一步扩大，含括了家具、文房器具、武备仪仗等多方面。乾隆以后的雕漆制作数量锐减，由盛而衰，后世虽沿袭乾隆时期的制作特点与工艺，然而漆层更薄，纹饰趋于规律化和程式化。直至光绪年间，民间雕漆业兴起，经过几年努力，将清代雕漆的风格继承下来，但与乾隆时期作品水平已相距甚远。本文将通过部分档案资料及传世文物，介绍清乾隆时期的雕漆制作工艺特点，兼赏几件北京艺术博物馆藏乾隆时期雕漆作品以作为实物补充。

一、清乾隆时期的雕漆制作

从内务府档案来看，清代康熙、雍正两朝几乎没有带年款的雕漆实物，也很少有关于制作雕漆的记载。乾隆朝开始，雕漆制作的记录迅速增多，工艺水平也迅速提高，达到了工艺的顶峰。乾隆朝的雕漆以宫廷雕漆为代表，国内诸多博物馆均收藏有乾隆朝雕漆作品，其纹饰复杂，雕刻精细，器型多样，充分代表了乾隆时期雕漆的艺术水准。

清代宫廷与漆艺有关的为"油木作"（油木作为清内务府所管辖的养心殿造办处作坊之一），但据内务府档案记载，乾隆雕漆的制作则多在苏州，仅查乾隆十年（1745）就有数条苏州织造制作雕漆的记录：

三月初四日司库白世秀，七品首领萨木哈来说，太监胡世杰交尺寸帖一件。传旨：照先做过大吉宝案样二张，案面上画的人物去了，另画海屋添筹呈览，准时发南边按尺寸做雕漆桌两张。钦此。于本月初六日司库白世秀将画得海屋添筹纸样木案样一张持进，交太监胡世杰呈览。奉旨：孙佑

（祐）起稿，应画仙人之处画仙人。钦此。于本月十四日司库白世秀将画得海屋添筹纸样一张持进，交太监胡世杰呈览。奉旨：照样交安宁带去成做。钦此。乾隆十一年十二月二十日司库白世秀，七品首领萨木哈将图拉做得红雕漆海屋添筹案一对持进，交太监胡世杰呈进讫①。

十月，初九日司库白世秀，副催总达子来说：太监胡世杰交青花白地小碟二十件。传旨：着照寿春盒样做盒盛装，先做样呈览准时交南边做雕漆盒二件，……钦此。于本月二十日七品首领萨木哈将做得装青花白地小碟杉木入角方盒样一件持进。奉旨：照样准做，面子照寿春盒花样成做，其边墙变别花式成做。钦此。于十一年九月初三日司库白世秀将图拉做得雕漆盒二件内各盛青花白地小蝶九件持进，交太监胡世杰呈进讫②。

（十月）二十日七品首领萨木哈来说，太监胡世杰传旨：着做好花样如意九柄。如意头上做寿星一个，其余八柄如意头上各做仙人一个，先做样一件呈览，准时交南边做雕漆如意九柄，共合八仙庆寿成一堂。钦此。于本月二十四日七品首领萨木哈将做得雕漆如意头上画仙人花卉身如意木样一件持进，交太监胡世杰呈览。奉旨：照样准做。不必做成堂，匣子装来京内配做新样回头穗。钦此。于十一年十二月二十七日七品首领萨木哈将图拉做得雕漆八仙庆寿如意九柄持进，交太监胡世杰呈进讫③。

另外，造办处史料里还记载苏州织造曾在乾隆十一年（1746）做过"雕漆佛经匣""雕漆香几"，乾隆十二年（1747）做过"雕漆小案"，乾隆十四年（1749）做过"雕漆茶盘"，乾隆十五年（1750）做过"雕漆盒"，乾隆十六年（1751）曾有"雕漆匾一块，雕漆对一副"的记录，但未有持进记载。

从上述资料及《各作成做活计清档》可以看出：

1. 清乾隆时期，苏州织造承担了大量的宫廷漆器制作，且种类繁多，既有陈设器，也有使用器，而且有家具类的大型器物，说明雕漆的技术比较成熟。

2. 乾隆皇帝本人非常重视雕漆制作，亲自参与一些雕漆作品的设计，并多次强调做工细致，所以乾隆一朝雕漆普遍注重雕工，纹饰细密，以精细见长。

3. 部分宫廷的雕漆在制作前先画样，然后制作木样，待样品得到乾隆帝认可后发往苏州织造进行制作。

既然乾隆时期宫廷雕漆大部分由苏州织造制作，那么养心殿造办处中的"油作"（油木作）是否同样担任制作的任务呢？《各作成做活计清档》"油作"中关于雕漆的记录虽多，但大部分是"收拾""擦抹""打磨""补漆"等后期工序或辅助工序，而且有些比较难以"收拾"的活计乾隆皇帝认为"京中匠役不能收拾"④，最后还是发往苏州。可见造办处的"油作"始终缺乏技术高超的雕漆匠役，并不具备制作雕漆的能力。

二、清代雕漆艺术风格

造办处曾有这样的记载，"雕漆盒若漆得时，交牙匠雕刻""乾隆四年十月二十九日……奉旨：将此胎交予封岐先画样呈览，准时再雕刻"，封岐为竹雕匠役。这些原在造办处"牙作"当差的南方牙匠，乾隆时命他们雕刻漆器，他们自然延续牙雕风格，追求精细纤巧。另外，大量的雕漆交由苏州制作，苏州匠人则将雕刻竹木器清新灵活、气韵生动的风格带到雕漆中来。在这两种因素的作用下，乾隆时期雕漆的技法形成了新的风格，颜色较之明代已由暗红变为鲜红，刀法犀利，刀痕显露，不打磨，花纹繁缛纤细，并且产生了瓷胎、紫砂胎等品种。

此时雕漆的装饰纹样也更加丰富多彩，无所不有，新的题材不断涌现，集中表现在以下几个方面：一是仿明代以文字和吉祥纹样组合成的装饰图案，大体字成为主要纹样，例如明代剔彩春寿图圆盒（图一），在清乾隆时期仍有制作，在装饰风格、技法上极其相似，纹样也基本无差，但乾隆时期漆盒雕刻得更加精细。二是鱼龙海兽在波涛中嬉戏的题材令人耳目一新，这种题材的雕漆作品波纹如丝，锋芒毕露（图二）。三是在满刻锦纹的漆地上加刻诗文词句，或以诗写景，或以景配诗（图三）。四是桃、树叶、石榴、虫等仿生题材在器物上的运用也显得新颖别致。此外，以神话故事和具有宗教意味的题材为装饰的雕漆作品也较常见，如八仙人物等。

清代乾隆时期雕漆的款识为刀刻填金年号款和吉言器名款，常见的部位在器底正中或盖内、器内底，也有刻在器盖面做出的圆圈内的，款字有"大清乾隆年制""乾隆年制""大清乾隆仿古""乾隆仿古"等，其中以楷书款为主，也有篆书和隶书。除年号款之外还有加吉言器名者，有的器物年号和器名分别刻在盖内和器底，如收藏于故宫博物院的剔红雅集宝盒，盒底刻"大清乾隆年制"款，盖内镌"雅集宝盒"四字（图四）。也有的器物只刻器名不刻年款。

图一　明代剔彩春寿图圆盒

图三　清乾隆剔红诗句笔筒

图二　清乾隆剔红海兽纹圆盒

图四　清乾隆剔红雅集宝盒盖内镌字

三、北京艺术博物馆藏清代雕漆赏析

1. 清乾隆龙纹剔红圆盒（图五）

盒木胎，圆形，外髹朱漆，内髹黑漆，盖内阴刻楷书填金"云龙宝盒"四字（图六）。盒面及侧面满雕海水纹，并以海水为底，在盒盖顶面雕一正龙，龙身隐现于海水之中。苍龙刻画遒劲有力，犄角、胡须等细部雕刻清晰细腻。海水浪花翻卷，极富层次感。此盒纹饰繁复，雕刻工艺精湛，纹饰密而不乱，为乾隆时期典型艺术品。

2. 清乾隆龙纹剔红方盒（图七）

盒木胎，方形，圆角髹红漆。盒面在一周回纹内雕三龙戏珠纹，三条猛龙在海水中翻滚，均怒目圆睁，口微张，海水纹、龙发细如发丝，肢体扭动时龙鳞的层次变化处理非常到位。盒盖、盒身侧面各为六行六角锦纹地，锦纹排列规则，刀口利落。底与盒内髹黑漆。造型规整，雕刻细腻、繁缛，为清宫特有的风格。

3. 清乾隆双石榴形剔红盖盒（图八）

盒木胎，髹红漆，内髹黑光漆。器型为两个并排的石榴，器身满刻回纹锦，在锦地上雕刻石榴枝叶，枝叶髹漆肥厚，由盒底攀伏至盒面。

4. 清乾隆剔红御题诗碗（图九）

撇口，弧壁下敛，底承圈足，底刻"乾隆年制"四字双行篆书款（图一

图五　清乾隆龙纹剔红圆盒

图七　清乾隆龙纹剔红方盒

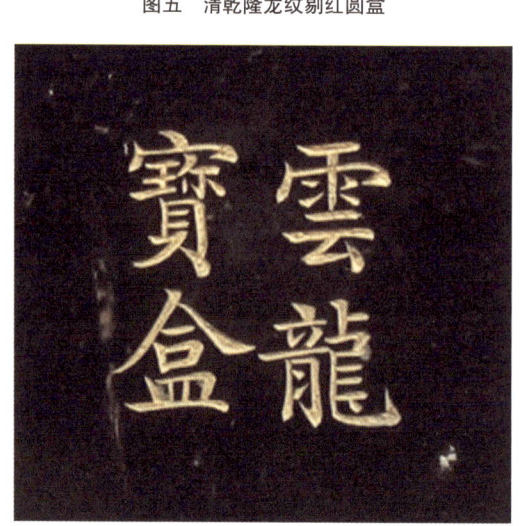

图六　清乾隆龙纹剔红圆盒盖内刻字

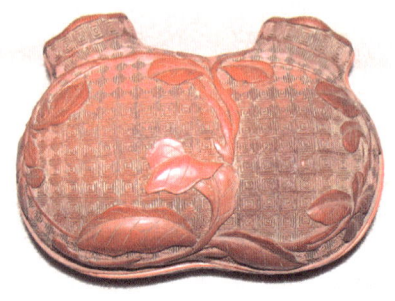

图八　清乾隆双石榴形剔红盖盒

○)。通体髹漆，碗内壁髹红漆，外壁在黑漆回纹锦地上剔红雕刻纹饰，外口沿及足上部雕如意云头纹一周。腹身外壁雕乾隆御制"咏三清茶五言诗"，诗云："梅花色不妖，佛手香且洁。松实味芬腴，三品殊清绝。烹以折脚铛，沃之承筐雪。火候辨鱼蟹，鼎烟逐生灭。越瓯泼仙乳，檀庐适禅悦。五蕴净大半，可悟不可说。馥馥兜罗递，活活云浆澈。偓佺遗可餐，林逋赏时别。懒举赵州案，颇笑玉川谲。寒宵听行漏，古月看悬玦。软饱趁几余，敲吟兴无竭。"后落"乾隆丙寅小春御题"款，另有篆书"乾""隆"圆、方朱文钤印各一枚。原诗见于《乾隆御制诗初集》，题为《三清茶》。三清茶是由梅花、佛手和松实三味组成，以干净雪水烹之。乾隆朝与三清茶诗句相关的茶碗不仅见于漆器，瓷器也较为常见。

5.清乾隆剔红双面人物纹椭圆盒（图一一、图一二）

盒木胎，椭圆形，髹红漆。盒盖及盒底均微凸，山石、树木掩映间一面雕一慈眉善目老者拄杖似告知提篮童子，童子则头微扬，认真聆听。另一面雕一老者手持瓶与一背篓童子交谈。两面均刻有天锦、水锦、地锦，地锦略有变化，刀法犀利，线条利落。

四、乾隆雕漆与同时期其他工艺美术品的共通之处

"精、细，重雕工"是乾隆时期雕漆作品的典型风格特点，基本反映了乾隆的欣赏水平及个人的审美倾向。同时，雕漆作为工艺品种之一，其根本与牙雕、木雕、竹雕等工艺品种有触类旁通之处；另外，雕漆作品以纹样作为重要表现形式之

图九 清乾隆剔红御题诗碗

图一〇 清乾隆剔红御题诗碗底部

图一一 清乾隆剔红双面人物纹椭圆盒

图一二 清乾隆剔红双面人物纹椭圆盒

一，其装饰风格、题材均受其时代审美倾向的影响。

1. 雕漆纹样的图案化与程式化。乾隆朝雕漆作品的纹样主要集中在龙凤纹、山水人物纹、吉祥文字等，以龙纹、海水纹组合来看，基本都是龙纹在海水中飞腾之势，变化的仅是龙纹的数量、浪花的细密程度等细节；山水人物纹则基本是以传说故事、历史典故为主要题材，构图较为饱满。同时，大的相似图案内细节稍有变化，如锦纹较前朝形式更多，有六角形十二瓣锦、四角八瓣锦、回纹锦、万字纹锦等。

图一三　乾隆象牙印章

图一四　清乾隆剔红落花游鱼纹嵌玉磬式二层盒

2. 雕漆作品与同时期牙雕、木雕作品的风格、技法具有相似之处。主要表现在两个方面：一是雕刻方法的相似，以北京艺术博物馆藏"乾隆象牙印章"为例（图一三），此章虽为圆雕，但在龙纹须发、海水纹的处理上与雕漆作品如出一辙；二是装饰方式的相似，乾隆时期经常于玉器中遴选材质精良或纹饰华美的珍品，装嵌于造办处受命督造的精致竹木器物之上，部分雕漆作品在乾隆时期也运用此种装饰手段（图一四）。

3. 乾隆时期雕漆作品与其他漆器品种在装饰纹饰、器型上的相似与雷同。雕漆作品的纹饰、形制在其他漆器品种中也常见，如上文中北京艺术博物馆藏的剔红御制诗纹碗，在故宫博物院也收藏有纹饰基本雷同的红地描黑漆诗句碗（图一五）。

图一五　故宫博物院藏红地描黑漆诗句碗

---

① 张荣：《养心殿造办处史料辑览（第三辑）：乾隆朝》，故宫出版社，2012年，第225页。

②③ 张荣：《养心殿造办处史料辑览（第三辑）：乾隆朝》，故宫出版社，2012年，第232页。

④ 中国第一历史档案馆、香港中文大学文物馆：《清宫内务府造办处档案总汇》第44册"行文"，人民出版社，2005年，第13页。

（作者单位：北京艺术博物馆）

北京市文物局图书资料中心藏乾隆石经拓本研究

王琳琳

一、乾隆石经略说

儒家思想是中华民族传统文化的主干，而"十三经"则是儒家典籍的核心。伴随着儒家思想在中国传统社会主导地位的确立，"十三经"备受历代统治者推崇，成为学子必读之书和步入仕途的考虑标准，影响之深远，是其他任何典籍所无法比拟的。为了长久保存经典、规范经典，我国历史上曾七次大规模将儒家经典刻之于石：熹平石经、正始石经、开成石经、广政石经、嘉佑石经、南宋石经和乾隆石经。

清乾隆五十六年（1791），为勘正经典、统一教材，乾隆皇帝谕旨以蒋衡耗时12年手书"十三经"为底本刻石，立于北京国子监，称之为"乾隆御定石经"，简称"乾隆石经"或"清石经"。石经共189通，加上末一碑"圣谕及进石刻告成表文"共190通，约63万字。石碑均为圆首方座，高305厘米，宽106厘米，厚31.5厘米，碑额篆书"乾隆御定石经之碑"，钤乾隆御玺"表章经学之宝"和"八征耄念之宝"。碑文为楷书，两面刻字，每面分6部分刻写。乾隆石经是历代儒家经典碑刻中最为完整、规模最大的一部。

二、北京市文物局图书资料中心藏乾隆石经拓本研究

石经通过拓片的方式扩大流传和影响。乾隆石经现存拓片数量众多，仅北京地区就有多家文化单位收藏。北京市文物局图书资料中心（以下简称"资料中心"）收藏有两套乾隆石经拓片（本），一套为1958年第一次文物普查时拓制，共190张。另一套墨色乌黑发光，装裱精美，应为清宫之物，本文主要研究此套乾隆拓本。

此套拓本是将大张拓片剪裁后装裱而成经折。每册拓本大小一致，长28厘米，宽14厘米。拓本封面为木板面，上覆明黄纸，内有撒金纸护页。封面题签有大小两行字：大字为"乾隆御定石经"，小字则是该册所含经名及装册后的序号，如"尚书第七册"（图一）。

（一）资料中心藏乾隆石经拓本断代

从装帧上看资料中心藏乾隆石经拓本初步判断为清代宫廷拓制，但具体时间不好断定。究竟是乾隆年刊刻后至嘉庆八年（1803）磨改之前的拓本还是嘉庆八年磨改后的拓本，抑或是光绪十一年（1885）

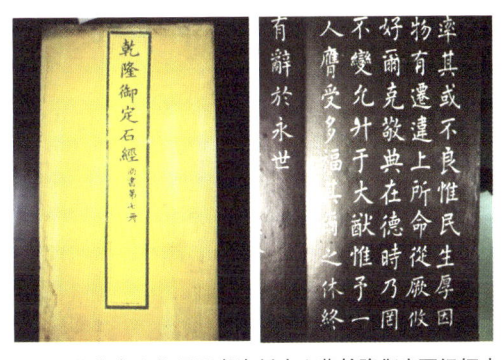

图一 北京市文物局图书资料中心藏乾隆御定石经拓本

奏修石经之后的拓本，一时无法下结论。

清人蔡赓年修撰的《奏修石经字像册》重点记录了光绪年石经刻改的具体字样，而且也涉及了嘉庆年磨改的文字情况。《北京图书馆藏中国历代石刻拓本汇编》中收录乾隆石经拓片39张。据国家图书馆（以下简称"国图"）金石组工作人员介绍，这些拓片大致拓印于20世纪30年代，也就是说这些拓片反映了光绪年奏修后石经上文字的状况。近年来，中国文化遗产研究院（以下简称"遗产院"）图书馆将所藏乾隆石经拓片电子化，部分公开。此套拓片为20世纪30年代北平寺庙调查期间拓制，也体现了光绪年奏修后石经上文字的情况，与《北京图书馆藏中国历代石刻拓本汇编》中的拓片文字一致，但质量更好一些，墨色浓黑，字体清晰。笔者将资料中心藏乾隆石经拓本与《奏修石经字像册》上的记载及国图收藏乾隆石经拓片、遗产院藏乾隆石经拓片四者相对比，为资料中心藏乾隆石经拓本断代。现将对比情况列表如表一。

表一　《奏修石经字像册》与《乾隆石经》诸拓本对比表

《奏修石经字像册》所载	资料中心藏乾隆石经拓本截图	国图藏乾隆石经拓片截图	遗产院藏乾隆石经拓片截图	对比解读
"允升於大猷。升初刻升不误，后磨去一笔升。升。"①	允升于大猷	允升于大猷②	允升于大猷	"允升於大猷。"出自《尚书·君陈》篇，位于乾隆石经中《尚书》第七碑三号。从《奏修石经字像册》文字可知，在初刻时即乾隆五十六年刊刻时"升"字没有刻错，而在嘉庆八年的改刻中磨去一笔变为"升"，在光绪十一年的奏修中又改回"升"。在国图和遗产院所藏拓片中很清楚地看出"升"字修改的痕迹。
"执戈上刃。执刻幸为㚔，执。刃刻刃，刃。"③	门之内四人綦弁執戈上刃夹两阶阼阶一人冕執刘	门之内四人綦弁執戈上刃夹两阶阼阶一人冕執刘④	门之内四人綦弁執戈上刃夹两阶阼阶一人冕執刘	"执戈上刃。"出自《尚书·顾命》篇，位于乾隆石经中《尚书》第七碑四号。"执"和"刃"两字均刻错，两套拓片中这两个字都改正过来。遗产院拓片上能看出"刃"字修改的痕迹；而"执戈"之"执"与"执刘"之"执"的"㚔"字明显笔体不同，可见有过修改。而这两个字的错误可能是因为刻工不仔细，导致刊刻字体不规范。
"定之方中。匪直也人。直初刻十，匕复修改未净造。直。"⑤	匪直也人	匪直也人⑥	匪直也人	"匪直也人。"出自《诗经·鄘风·定之方中》，位于乾隆石经《诗经》第二碑二号。"直"字初刻错误，嘉庆八年的磨改并未干净，光绪十一年奏修彻底改正过来。资料中心藏拓本中的"直"字明显有改刻的痕迹。

续表

《奏修石经字像册》所载	资料中心藏乾隆石经拓本截图	国图藏乾隆石经拓片截图	遗产院藏乾隆石经拓片截图	对比解读
"木瓜。报之以琼瑶。瑶刻作'瑶'。明本不作𤣭。瑶。"⑦	报之以瓊瑶	报之以瓊瑶⑧	报之以瓊瑶	"报之以琼瑶。"出自《诗经·卫风·木瓜》，位于乾隆石经《诗经》第二碑六号。国图和遗产院所藏拓片上仍为"瑶"，并未改正过来。
"粱人。粱刻染，经文'染'字已正。拟归画一。粱。"⑨	染人	粱人⑩	粱人	"粱人。"出自《周礼·天官》，位于乾隆石经《周礼》第一碑四号。国图和遗产院所藏拓片上明显看出"染"字有改动的痕迹，并且"染"字结构不稳，不似初刻。但并未改成《奏修石经字像册》记载的样子。
"彻筵席。彻初刻云后加一笔徹，下同。乡饮酒篇内作'徹'不加画。彻。"⑪	徹筵席	徹筵席⑫	徹筵席	"彻筵席。"出自《仪礼·士冠礼》，位于乾隆石经《仪礼》第一碑一号。乾隆五十六年初刻时没有错误，"彻"字上刻为"云"，嘉庆八年改刻时加上一笔为徹，光绪十一年奏修并未改回来。
"啐醴建柶兴。建提要校从建，刻磨改作'捷'。聘礼作建柶。建。"⑬	祭醴三兴筵柶興降筵坐莫韆拜执解啐醴建捷	祭醴三兴筵柶興降筵坐莫韆拜执解啐醴建捷⑭	祭醴三兴筵柶興降筵坐莫韆拜执解啐醴建	"啐醴建柶兴。"出自《仪礼·士冠礼》，位于乾隆石经《仪礼》第一碑三号。嘉庆八年刻磨改为"捷"，光绪十一年奏修改正为"建"。资料中心藏拓本中为"捷"，国图和遗产院藏拓片中则改为"建"。
"以挚见于卿大夫。'卿'提要校从'卿'，刻磨改作'鄉'。卿。"⑮	以挚见於鄉大夫	以挚见於鄉大夫⑯	以挚见於卿大夫	"以挚见于卿大夫。"出自《仪礼·士冠礼》，位于乾隆石经《仪礼》第一碑三号。嘉庆八年刻磨改为"鄉"，光绪十一年改正为"卿"。资料中心藏拓本中的"鄉"字有改动的痕迹，而在国图和遗产院藏拓片中则改为"卿"。

·79·

续表

《奏修石经字像册》所载	资料中心藏乾隆石经拓本截图	国图藏乾隆石经拓片截图	遗产院藏乾隆石经拓片截图	对比解读
"朼者逆退。朼提要校从朼，刻磨改作匕。朼。"[17]	俎從設北面載執而俟朼復位於門東北面	俎從設北面載執而俟匕復位於門東北面[18]	俎從設北面載執而俟朼復位於門東北面	"朼者逆退。"出自《仪礼·士昏礼》，位于乾隆石经《仪礼》第一碑八号。嘉庆八年刻磨改为"匕"，光绪十一年改正为"朼"。资料中心藏拓本上为"匕"，国图和遗产院藏拓片则为"朼"。
"况于其身。况刻譌作况，拟修。况。"[19]	有益於君則爲之况于其身以善其君乎周公優爲	有益於君則爲之况于其身以善其君乎周公優爲[20]	有益於君則爲之况于其身以善其君乎周公優爲	"况于其身。"出自《礼记·文王世子》，位于乾隆石经《礼记》第九碑八号。原碑文误将"况"字刻作"况"，在国图和遗产院的拓片中很清晰地看出添加的那一点。
"传十年。楚子襄郑子耳侵我西鄙。侵提要校从侵，刻磨改伐。侵。"[21]	皇耳于犬丘秋七月楚子囊鄭子耳伐我西鄙還圍	《北京图书馆藏中国历代石刻拓本汇编》未收录此拓片。	皇耳于犬丘秋七月楚子囊鄭子耳侵我西鄙還圍	"楚子襄郑子耳侵我西鄙。"出自《春秋左传·襄公》，位于乾隆石经《春秋左传》第二十五碑三号。嘉庆八年改刻为"伐"，光绪十一奏修根据《提要》改为"侵"，遗产院藏拓片上明显有磨改的痕迹。
"十有二年。厮役扈养。厮刻同明本，误广为厂，拟修增。厮。"[22]	諸大夫死者數百人廝役扈養死者	諸大夫死者數百人廝役扈養死者[23]	諸大夫死者數百人廝役扈養死者	"厮役扈养。"出自《春秋公羊传·宣公·十有二年》，位于乾隆石经《春秋公羊传》第七碑八号。资料中心藏本为"廝"，国图和遗产院藏本在"厂"上加一点，改为"廝"。

续表

《奏修石经字像册》所载	资料中心藏乾隆石经拓本截图	国图藏乾隆石经拓片截图	遗产院藏乾隆石经拓片截图	对比解读
"十有五年。亦乘埋。埋刻多一笔埋，点拟修去。埋。"[24]				"亦乘埋。"出自《春秋公羊传·宣公·十有五年》，位于乾隆石经《春秋公羊传》第七碑九号。"埋"多刻一点为"埋"。若仔细看拓片，这一点并未全部磨掉改净。
"二十有八年。公会齐侯于城濮。城刻漏一笔，戊作戌城。城。"[26]		《北京图书馆藏中国历代石刻拓本汇编》未收录此拓片。		"二十有八年。公会齐侯于城濮。"出自《春秋穀梁传·庄公》，位于乾隆石经《春秋穀梁传》第三碑六号。"城"字刻漏一点，光绪十一年奏修时改正过来。
"聚敛。敛刻讠文为欠。敛。"[27]				"聚敛"出自《论语·先进》，位于乾隆石经《论语》第三碑二号。"敛"字的 文 误刻为"欠"。
"举皋陶。陶刻缶为壬目。陶。"[29]				"举皋陶。"出自《论语·颜渊》，位于乾隆石经《论语》第三碑六号。陶刻缶为壬目。光绪十一年奏修时改为"陶"。
"莫大于配天。配刻西为 。"[31]				"莫大于配天。"出自《孝经·圣治章》，位于乾隆石经《孝经》第一碑三号。"配"的"西"里面多刻的一横已改掉。

续表

《奏修石经字像册》所载	资料中心藏乾隆石经拓本截图	国图藏乾隆石经拓片截图	遗产院藏乾隆石经拓片截图	对比解读
"祭则鬼亨之。亨刻作享。石台孝经作享,释文同。"㉝	则鬼亨之	祭则鬼亨之㉞	则鬼亨之	"祭则鬼亨之。"出自《孝经·孝治章》,位于乾隆石经《孝经》第一碑三号。"亨"刻作"享",光绪十一年奏修将"享"的横去掉,国图和遗产院所藏拓片上能清楚看到去掉的痕迹。
"敖幠。幠,提要校从幠,改刻幠。幠。"㉟	敖幠	敖幠㊱	敖幠	"敖幠"出自《尔雅·释言》,位于乾隆石经《尔雅》第一碑五号。《石经考文提要》校对为"幠",嘉庆年改刻为"幠",光绪年奏修将"幠"改为"幠"。
"底厎尼定。厎提要校正作'厎'。刻磨改误废。明本作'厎'。厎。"㊲	尼定昌遏廢 说徽妥怀安按替戾底 射狱也	尼定昌遏廢 说徽妥怀安按替戾底 射狱也㊳	尼定昌遏止也 说徽妥怀安按替戾底厎 豫射狱也	"底厎尼定。"出自《尔雅·释诂》,位于乾隆石经《尔雅》第一碑三号。嘉庆八年错改为"废",光绪十一年改正为"厎"。资料中心藏拓本为"废",而且有改刻的痕迹;而国图、遗产院藏拓片则改正为"厎"。
"犹古之乐也。犹提要校从犹,刻改作'由'。犹。"㊴	由古之樂也	㊵	猶古之樂也	"犹古之乐也。"出自《孟子·梁惠王下》,位于乾隆石经《孟子》第一碑八号。《石经考文提要》校对为"犹",嘉庆年改刻为"由",光绪十一年将"由"改为"犹"。资料中心藏拓本为"由",而国图、遗产院藏拓片则改为"犹"。

以《奏修石经字像册》一书记载为依据,通过将三套石经拓本（片）上个别字进行对比,我们能很清楚地看出资料中心藏拓本上的字有嘉庆八年磨改的痕迹,但没有改成光绪年间《奏修石经字像册》所记载的样子,进而可以断定北京市文物局图书资料中心藏乾隆石经拓本为嘉庆八年改刻之后、光绪十一年奏修之前拓制的。

国图和遗产院藏乾隆石经拓片拓印于民国时期,这些拓片反映了光绪年奏修后石经上文字的状况。通过比对可知现存石经在光绪年依照《奏修石经字像册》所载字样做过磨改。光绪年奏修的大部分是将不体字改正过来，而这可能因刻工粗心草率，例如《孝经·圣治章》中"莫大于配天"的"配"字，"酉"里面多刻了一横。光绪年奏修还有很多文字在初刻时是正确的，如《尚书·君陈》中的"允升于大猷"，初刻时即乾隆五十六年刊刻时"升"字没有刻错，而在嘉庆八年的改刻中磨去一笔变为"卄"，在光绪十一年的奏修中又改回"升"。又如《诗经·鄘风·定之方中》中"匪直也人"，"直"字初刻错误，嘉庆八年的磨改并未干净，光绪十一年奏修彻底改正过来。由此可见，光绪十一年由蔡赓年主持的奏修乾隆石经是非常必要和必须的，不仅改掉了大量不体字，而且纠正、完善和补充了嘉庆年的磨改，在实践上巩固了《石经考文提要》的成果，大大提高了乾隆石经的质量，为"十三经"的传承做出了重要贡献。

（二）北京市文物局图书资料中心藏乾隆石经拓本所蕴含的重要信息

1. 彝伦堂十六碑与十六册拓本

道光版《钦定国子监志》载："六堂中恭立乾隆六十年高宗纯皇帝御定石经之碑一百九十座。……末一碑恭刊圣谕及进石刻告成表文。"㊶乾隆石经拓本是一册拓本对应一通石碑，十三经碑文共刻189通碑，加上一通圣谕及进石刻告成表文，一共190通碑，相应有190册拓本。除了十三经碑文和"上谕衔名册"（即《钦定国子监志》所云"圣谕及进石刻告成表文"）拓本，资料中心还有16册拓本与之大小样式完全一致。这16册拓本封面也题名曰"乾隆御定石经"。

这16册拓本名为：御制序一册、御制释奠一册、御制丁祭一册、御制文第一册、御制文第二册、御制文第三册、御制文第四册、御制文第五册、御制文第六册、御制文第七册、御制文第八册、御制文第九册、御制文第十册、御制文第十一册、御制文第十二册、御制文第十三册

（图二、图三）。

道光版《钦定国子监志》中描述彝伦堂内十六通石碑有这样一段文字："堂中左右恭立乾隆六十年高宗纯皇帝《御制说经文》石刻十三座。其东西隅恭立乾隆六十年《御制石刻蒋衡书十三经于辟雍序》清汉文石刻各一座。西南石刻一座，恭刊《御制丁祭释奠诗》。"㊷这16通石碑原立于彝伦堂（图四），1956年与国子监东西六堂中的190通乾隆石经一起

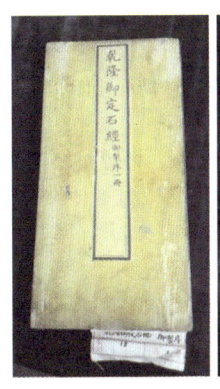 

图二　16册拓本中的"御制序一册"和"御制文第一册"

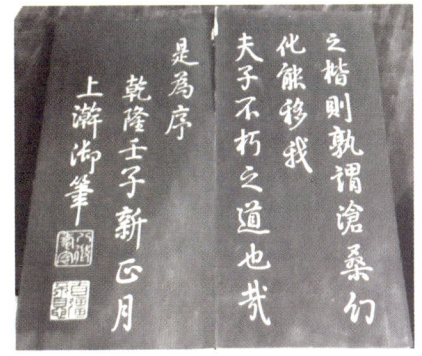

图三　"御制序一册"最后一揭

图四　国子监彝伦堂16碑旧照

搬至孔庙国子监夹道（堧垣）处（图五）。16通碑规格一致，碑身高256厘米，宽136厘米，厚45厘米，比十三经石碑要高大很多。碑文行草，单面刻字，皆为乾隆皇帝御笔亲书。

乾隆御制说经文碑共13通，相应有十三册拓本。说经文是乾隆皇帝对儒家经典中的某些段落阐发个人观点。乾隆《御制石刻蒋衡书十三经于辟雍序》满、汉文各一通石碑，但只有一册汉文拓本。另外一通石碑刊刻了乾隆皇帝于乾隆六十年祭祀孔子、临雍阅视石经时所作的两首诗：《御制乙卯仲春丁祭至圣先师，礼成述事》《御制乙卯释奠礼成，御辟雍，敬忆皇祖诗句，因示皇子及诸大臣有作》[43]。而装裱拓本时则将两首诗分订两册（图六、图七）。这样计算下来正是16册。再加上190册碑文和上谕衔名册拓本，此套乾隆石经拓本全部应为206册。

这16通碑虽然刊刻的不是十三经经文，但却是乾隆皇帝对儒家经典的解读和为乾隆石经所作序言、诗词，与乾隆石经密切相关。所以在制作拓本时也把这16通碑的拓本纳入乾隆石经之中。由此可见，乾隆石经有一个广义的范围和狭义的范围，广义上说与之相关的彝伦堂16碑也在其中，而狭义则仅仅指立于国子监东西六堂的190通碑。将这16通碑纳入乾隆石经研究的范围，有助于我们更深入地了解乾隆石经的刊刻缘由和乾隆皇帝重视儒家经典的学术背景。

2. 上谕衔名册

资料中心藏乾隆石经拓本中的第190本为上谕衔名册（图八）。此碑文在《钦定国子监志》中载名为"圣谕及进石刻告成表文"，也就是乾隆石经最末一碑。此碑现已风化，尤其碑身下部，字迹模糊不可见，而资料中心所藏拓本中字迹清晰，这为我们深入研究乾隆石经提供了重要文字数据。

上谕衔名册拓本由两部分组成：第一部分为上谕（图九），即乾隆五十六年刊刻十三经时给

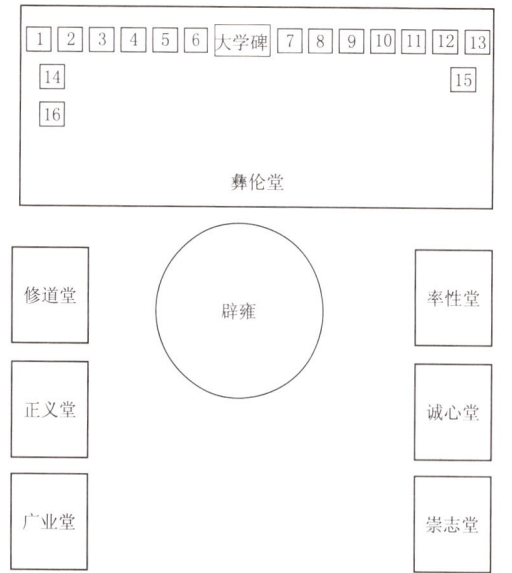

图五　1956年之前乾隆石经及彝伦堂16碑存放示意图
图中1—13为乾隆六十年高宗纯皇帝《御制说经文》石刻，14—15为乾隆六十年《御制石刻蒋衡书十三经于辟雍序》清、满文石刻，16为《御制丁祭释奠诗》石刻。190通乾隆石经存放于国子监修道堂、正义堂、广业堂、崇志堂、诚心堂和率性堂。

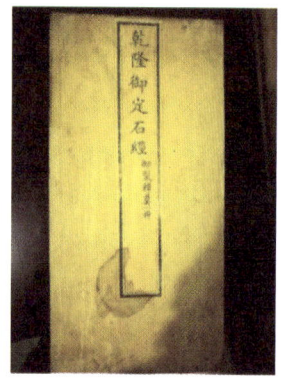

图六　御制释奠一册

图七　御制丁祭一册

图八　上谕衔名册一册

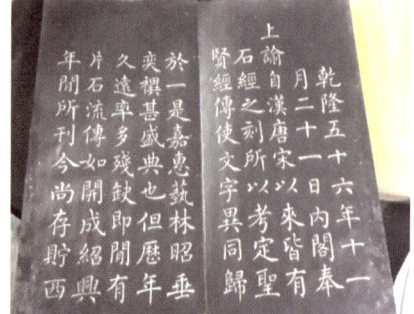

图九　上谕衔名册中的"上谕"部分

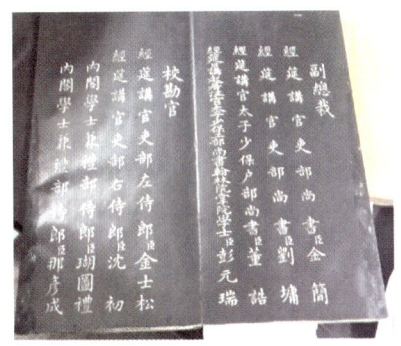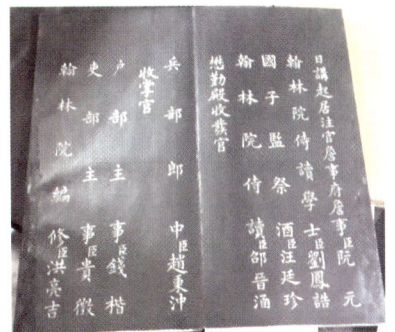

图一〇 衔名册中的"衔名"部分

内阁的上谕,此段文字内容在《钦定国子监志》中有明确记载[44];第二部分为参与刊刻乾隆石经的官员姓名,即"衔名"(图一〇),这一部分不见史料记载,具有非常重要的价值。

关于参与刊刻石经的官员,在《钦定国子监志》中记载如下:"着派和珅、王杰为总裁,董诰、刘墉、彭元瑞为副总裁,并派金士松、沸初、阮元、瑚图礼、那彦成随同校勘"[45]。乾隆五十六年十一月二十三日,和珅等又奏上《请添派刘凤诰等三员校勘石经折》,其中曰:"查有侍读学士刘凤诰、祭酒汪廷珍、侍读邵晋涵三员,堪充校勘。……至懋勤殿所藏《十三经》册,就近交与赵秉冲专管收发记载。由查蒋衡之孙蒋和,系分发直隶河工、从九品试用之员,现未起身,尚能守其家学,兼工篆隶,可否令其留京以备委用。"[46]

和珅推荐这几人的奏折,乾隆皇帝御批为"知道了"。而这几人是否参与刊刻石经,则一直无资料记载。对此台湾学者何广棪先生在《〈乾隆石经〉考述》一文中也存疑:"《清史稿》等书亦未有三人曾任校勘《石经》之记载,而仅洪亮吉记及与邵晋涵同校《石经》,是以若无新资料足以证明此事为实有,则于刘、汪二人事似可存疑。……赵秉冲是否被派专管收发记载懋勤殿所藏蒋衡手书《十三经》,似无其他数据可资印证。"[47]

而在资料中心藏乾隆石经上谕衔名册拓本中清晰记载了刘凤诰、汪廷珍、邵晋涵、赵秉冲、蒋和等人均参与了石经的刊刻。此处可解决何文之存疑。

衔名册除了记录参与刊刻石经的官员姓名,还详载刻工姓名,这为我们今后研究乾隆石经的刊刻工程也提供了重要线索。

3. 北京市文物局图书资料中心藏乾隆石经拓本数量问题

前文已经分析,全套乾隆石经拓本应该是碑文189册,加上谕衔名1册,再加说经文等16册,共计206册。北京市文物局图书资料中心现藏《御制乾隆石经拓片》装裱本共208册。经笔者调查统计,发现资料中心藏乾隆石经拓本有缺失、有重复。其中缺失拓本10册:《周易》第三册,《仪礼》第二、三、四、五、六、九、十、十三册,《孟子》第五册。重复拓片12册:《诗经》第六册,《周礼》第十四、十五册,《仪礼》第七、十二册,《春秋左传》第四十二、四十五、五十六、五十七、五十八、五十九、六十册。因此,资料中心收藏的这套乾隆石经清拓本并不完整,缺少10册的内容。

三、结语

北京市文物局图书资料中心藏乾隆石经拓本虽非乾隆时期的初拓,但因拓印精良、装帧考究、保存了嘉庆改刻后乾隆石经的面貌而独具价值。通过调查研究此套拓本,扩展了原有乾隆石经的研究范围,为今后深入研究乾隆石经提供了重要信息。

---

①③(清)蔡赓年:《奏修石经字像册》,贾贵荣:《历代石经研究资料辑刊》,北京图书馆出版

社,2005年,第8册,第560页。

②④ 北京图书馆金石组:《北京图书馆藏中国历代石刻拓本汇编》,中州古籍出版社,1997年,第76册,第115页。

⑤⑦（清）蔡赓年:《奏修石经字像册》,贾贵荣:《历代石经研究资料辑刊》,北京图书馆出版社,2005年,第8册,第565页。

⑥⑧ 北京图书馆金石组:《北京图书馆藏中国历代石刻拓本汇编》,中州古籍出版社,1997年,第76册,第118页。

⑨（清）蔡赓年:《奏修石经字像册》,贾贵荣辑:《历代石经研究资料辑刊》,北京图书馆出版社,2005年,第8册,第581页。

⑩ 北京图书馆金石组:《北京图书馆藏中国历代石刻拓本汇编》,中州古籍出版社,1997年,第76册,第121页。

⑪⑬⑮⑰（清）蔡赓年:《奏修石经字像册》,贾贵荣:《历代石经研究资料辑刊》,北京图书馆出版社,2005年,第8册,第605页。

⑫⑭⑯ 北京图书馆金石组:《北京图书馆藏中国历代石刻拓本汇编》,中州古籍出版社,1997年,第76册,第124页。

⑱ 北京图书馆金石组:《北京图书馆藏中国历代石刻拓本汇编》,中州古籍出版社,1997年,第76册,第125页。

⑲（清）蔡赓年:《奏修石经字像册》,贾贵荣:《历代石经研究资料辑刊》,北京图书馆出版社,2005年,第8册,第618页。

⑳ 北京图书馆金石组:《北京图书馆藏中国历代石刻拓本汇编》,中州古籍出版社,1997年,第76册,第128页。

㉑㉒㉔（清）蔡赓年:《奏修石经字像册》,贾贵荣:《历代石经研究资料辑刊》,北京图书馆出版社,2005年,第8册,第653页。

㉓㉕ 北京图书馆金石组:《北京图书馆藏中国历代石刻拓本汇编》,中州古籍出版社,1997年,第76册,第134页。

㉖（清）蔡赓年:《奏修石经字像册》,贾贵荣:《历代石经研究资料辑刊》,北京图书馆出版社,2005年,第8册,第659页。

㉗㉙（清）蔡赓年:《奏修石经字像册》,贾贵荣:《历代石经研究资料辑刊》,北京图书馆出版社,2005年,第8册,第682页。

㉘㉚ 北京图书馆金石组:《北京图书馆藏中国历代石刻拓本汇编》,中州古籍出版社,1997年,第76册,第139页。

㉛㉝（清）蔡赓年:《奏修石经字像册》,贾贵荣:《历代石经研究资料辑刊》,北京图书馆出版社,2005年,第8册,第671页。

㉜㉞ 北京图书馆金石组:《北京图书馆藏中国历代石刻拓本汇编》,中州古籍出版社,1997年,第76册,第142页。

㉟㊲（清）蔡赓年:《奏修石经字像册》,贾贵荣:《历代石经研究资料辑刊》,北京图书馆出版社,2005年,第8册,第672页。

㊱㊳ 北京图书馆金石组:《北京图书馆藏中国历代石刻拓本汇编》,中州古籍出版社,1997年,第76册,第144页。

㊴（清）蔡赓年:《奏修石经字像册》,贾贵荣:《历代石经研究资料辑刊》,北京图书馆出版社,2005年,第8册,第687页。

㊵ 北京图书馆金石组:《北京图书馆藏中国历代石刻拓本汇编》,中州古籍出版社,1997年,第76册,第148页。

㊶（清）文庆、李宗昉等:《钦定国子监志》,北京古籍出版社,2000年,第113页。

㊷（清）文庆、李宗昉等:《钦定国子监志》,北京古籍出版社,2000年,第112页。

㊸（清）文庆、李宗昉等:《钦定国子监志》,北京古籍出版社,2000年,第390页。

㊹㊺（清）文庆、李宗昉等:《钦定国子监志》,北京古籍出版社,2000年,第1036页。

㊻ 中国第一历史档案馆:《纂修四库全书档案》下册,上海古籍出版社,1997年,第2264页。

㊼ 何广棪:《〈乾隆石经〉考述》,《古籍整理研究学刊》2008年第1期。

(作者单位:孔庙和国子监博物馆)

密云新城0306街区B地块唐墓发掘简报

北京市文物研究所

密云新城0306街区B地块墓葬发掘区位于北京市密云区河东路东部，潮河干渠东南侧，幸福路南部（图一）。地理坐标为东经116°51′17.0″，北纬40°20′46.2″，海拔高度73米。为配合密云新城0306街区土地一级开发项目B地块工程建设，2016年4月，北京市文物研究所对该项目占地范围内发现的一座唐代墓葬（M1）进行了抢救性发掘。

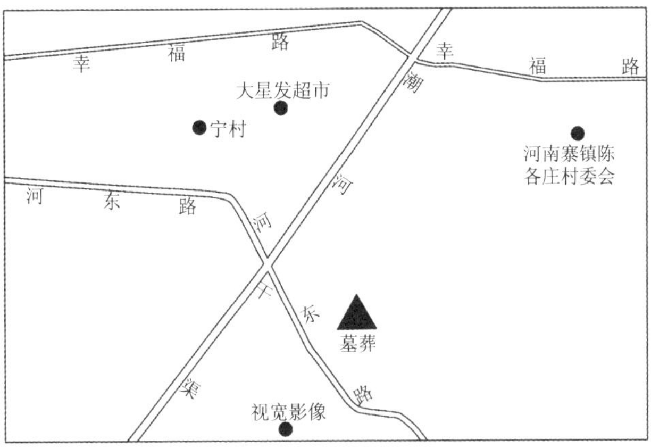

图一　墓葬位置示意图

一、墓葬形制

该墓位于发掘区东南部，南北向，方向190°。平面呈"甲"字形，竖穴土圹双人合葬砖室墓。由于破坏严重，券顶已不存。墓圹南北长8.5米，东西宽1.2～3.7米，深2.76米。由墓道、墓门、甬道、墓室四部分组成（图二；照片一）。

墓道：位于墓门南部。平面呈梯形，斜坡台阶式。上口南北长4.3米，东西宽1.2～1.4米；下底南北长4.6米，东西宽1.2米，深2.7米。台阶共有9级，高0.18～0.4米，进深0.18～0.8米。内填花土，土质较松。

墓门：位于墓道北部。拱券式结构，用绳纹青砖一卧一甓、两卧一甓向上砌筑，高1.5米，宽1.2米，厚0.36米。顶部门楣用青砖卧砌3层，高0.84米，宽1.2～1.55米，厚0.53米。门沿斜坡状，用青砖立砌平行瓦垄。封门用绳纹青砖呈倒"人"字形向上砌筑7层（照片二）。

甬道：位于墓门北部。平面呈长方形，拱券形顶，用绳纹青砖侧立斜向砌筑，两壁墙为一卧一甓、两卧一甓错缝向上砌筑。宽0.74米，进深0.5米，高1.5米。

墓室：位于甬道北部。平面呈圆角弧方形，穹隆顶，顶四面起坡向内斜收，四壁墙用青砖二卧一立错缝平砌5组，上用卧砖砌筑券顶，南北长2.72米，东西宽2.85米，现存高2.4米。顶部被盗洞破坏，盗洞平面呈椭圆形，直径0.6～0.8米。墓室外圹南北长3.6米，东西宽3.62米，深2.7米。壁墙用长0.36、宽0.18、厚0.06米绳纹青砖一卧一甓向上砌筑。墓室北部置一生土棺床，平面近呈长方形，东西长2.5米，南北宽1.36米，高0.3米；边缘用卧砖纵向上砌5层。墓室口与甬道内口齐，各有一道砖墙。墓室西南部置有器

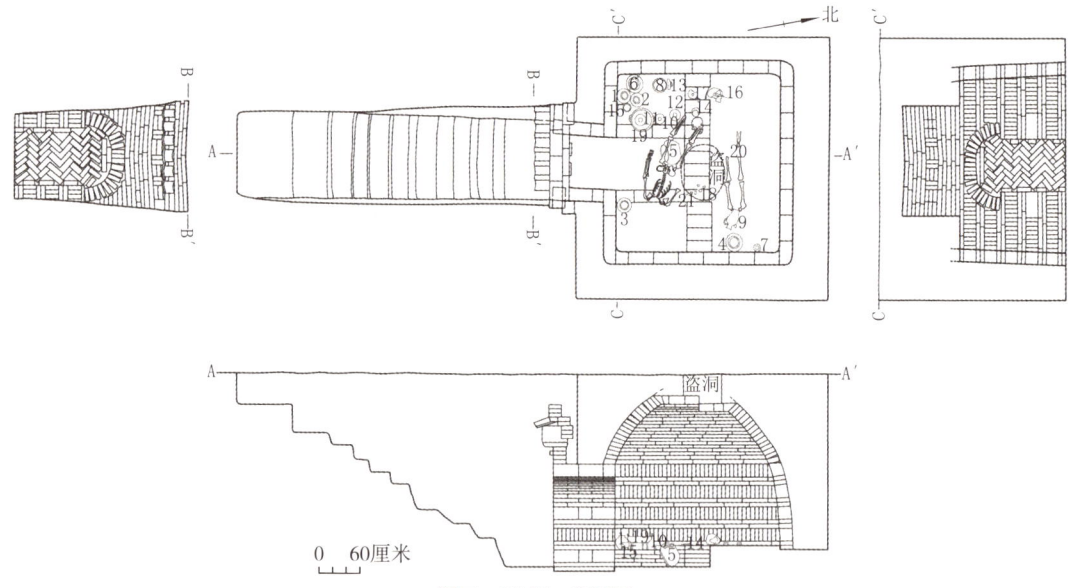

图二 M1平、剖面图

1~6.陶罐 7、8.釉陶碗 9.瓷执壶 10~13.瓷碗 14.瓷钵 15.瓷炉 16.铜钗 17.铜镜 18.铜带具 19.铁釜 20.铁剪刀 21.铜钱

物台，南北长0.98米，东西宽0.9米，高0.24米；边缘用卧砖向上平砌。室内葬具已朽，两具人骨架均头骨移位，仰身直肢，保存较差：一具位于棺床南部，为女性；一具位于棺床北部，为男性。内填花土，土质较硬。

二、随葬器物

出土随葬品20件，有陶罐、釉陶碗、

照片一 M1

照片二 墓门

密云新城0306街区B地块唐墓发掘简报

瓷执壶、瓷碗、瓷钵、瓷炉、铜钗、铜镜、铜带具、铁釜、铁剪刀，另出土铜钱2枚。

陶罐 6件。M1：1，泥质灰褐色陶。敞口，尖圆唇，束颈，溜肩，圆弧腹，下腹内收，平底内凹。肩部饰一周凹弦纹。轮制，通体遗有轮旋痕。口径11、腹径21.1、底径10.4、高22.6厘米（图三，1）。M1：2，敞口，斜沿，尖圆唇，束颈，溜肩，圆弧腹，平底内凹。轮制，通体遗有轮旋痕。口径11、腹径20.4、底径8.6、高20.4～21厘米（图三，2）。M1：3、M1：4，形制相同。敞口，尖圆唇，束颈，溜肩，弧腹，平底内凹。轮制，通体遗有轮旋痕。M1：3，口径11.2、腹径19.4、底径9.2、高18.6厘米（图三，3）。M1：4，口径11.6、腹径19.4、底径9.2、高19厘米（图三，4）。M1：5，敞口内敛，圆唇，束颈，圆肩，鼓腹，平底内凹。口沿内侧饰一周凹弦纹，外肩部饰一周水波纹，下部饰三周凹

照片三 陶罐（M1：6）

弦纹间隔，腹部饰三周刻划纹。轮制，下腹部遗有轮旋痕。口径25.6、腹径38.4、底径20.8、高31.2厘米（图三，7）。M1：6，敞口内敛，方圆唇，短束颈，溜肩，鼓腹，平底内凹，颈、肩部置桥形对称双系。轮制，通体遗有轮旋痕。口径13、腹径21、底径9.8、高19.4厘米（图三，5；照片三）。

釉陶碗 2件。M1：7，泥质红褐色陶。敞口，方圆唇，浅弧腹，平底。上腹部及内侧施酱绿色釉，下腹部未施釉。轮制，遗有轮旋痕。口径12、底径4、高4厘米（图四，7）。M1：8，泥质黄褐色陶。敞口变形，尖圆唇，深弧腹，饼足内凹。上腹部及内侧施酱黄色釉，底部遗三椭圆形支钉痕；下腹部及足底未施釉。轮制，遗有轮旋痕。口径20.8、底径9.4、高7.8厘米（图三，6）。

瓷执壶 1件。M1：9，敞口，圆唇，长束颈，溜肩，弧腹，下腹内收，平底内凹。颈、肩部置对称桥状双系，右颈、腹部置桥状环形提手，左肩部置圆筒形流，流残，上饰五周酱黑色釉弦纹。缸胎，通体施酱黄色釉，外部饰数周凹弦纹间隔斜线条形纹，颈肩部饰三周酱黑色釉弦纹，颈部饰四周点状戳印纹，口沿内侧饰七周酱绿釉弦纹，下腹及底部无釉。轮制。口径9.2、腹径15、底径12、高29.4厘米（图三，8；照片四）。

瓷碗 4件。M1：10，敞口，尖圆唇，深弧腹，饼足内凹。内底部遗三椭圆形支钉痕，通体施青白色釉。轮制，

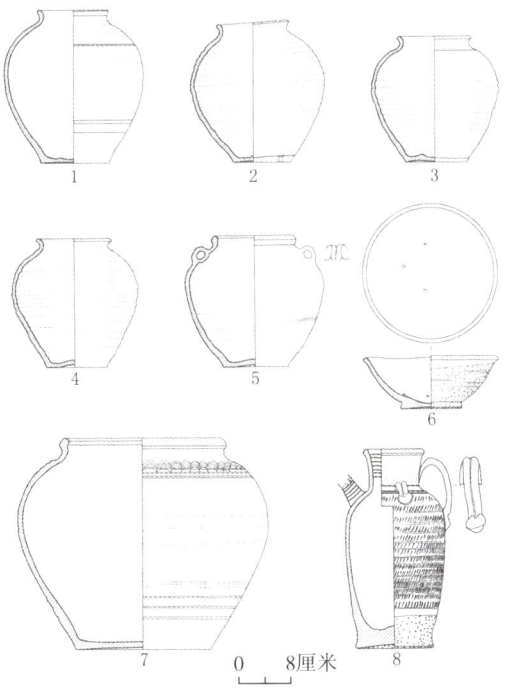

图三 出土器物
1～5、7.陶罐（M1：1、M1：2、M1：3、M1：4、M1：5） 6.釉陶碗（M1：8） 8.瓷执壶（M1：9）

照片四 瓷执壶（M1∶9）

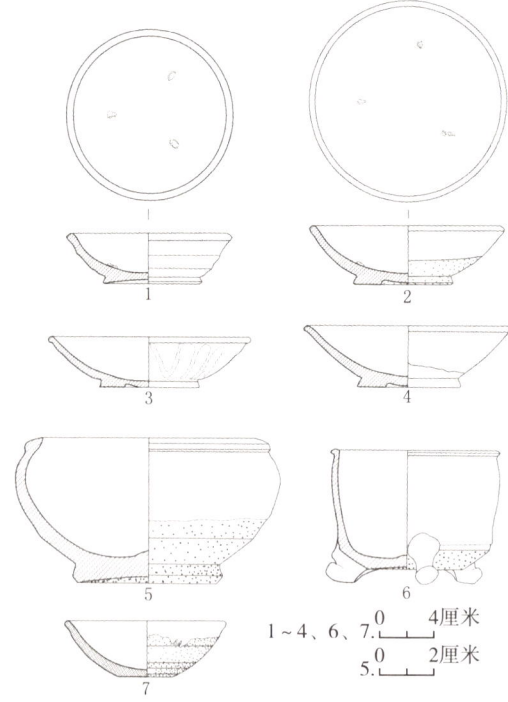

图四 出土器物
1~4.瓷碗（M1∶10、M1∶11、M1∶12、M1∶13） 5.瓷钵（M1∶14） 6.瓷炉（M1∶15） 7.釉陶碗（M1∶7）

遗有轮旋痕。口径12.2、底径6.2、高3.6厘米（图四，1）。M1∶11，敞口，尖圆唇，深弧腹，矮圈足。内底部遗四椭圆形支钉痕。上腹及内体施青白色釉，下腹及底部无釉。轮制，口径14.2、底径7.2、高4.2厘米（图四，2）。M1∶12，敞口，圆唇，深弧腹折收，矮圈足。通体施青色釉，遗有流釉痕。轮制。口径14.8、底径7.4、高3.6厘米（图四，3）。M1∶13，敞口，尖圆唇，深直腹，矮圈足。通体施青白色釉。轮制。口径15.2、底径7.2、高4.4厘米（图四，4）。

瓷钵　1件。M1∶14，敛口，斜沿，方唇，微束颈，溜肩，鼓腹，饼足内凹。上腹部施米黄色釉，下腹及底部未施釉。轮制。口径9.2、腹径9.8、底径5、高5.2厘米（图四，5；照片五）。

照片五 瓷钵（M1∶14）

瓷炉　1件。M1∶15，直口，尖圆唇，微束颈，斜弧腹，平底内凹，下置蹄形三足。体施青白色釉，底部无釉。轮制，遗有轮旋痕。口径12.4、腹径12.2、底径7、通高9.6厘米（图四，6；照片六）。

铜钗　1件。M1∶16，残，整体呈"U"形，钗首弯曲，钗体圆锥状。残长7.7~10.1厘米，宽1.2厘米（图五，4）。

铜镜　1面。M1∶17，残，圆形八面

照片六 瓷炉（M1∶15）

葵状，镜面略凸，半球形钮，椭圆形穿孔，上铸一飞龙，四龙爪踏如意云纹。直

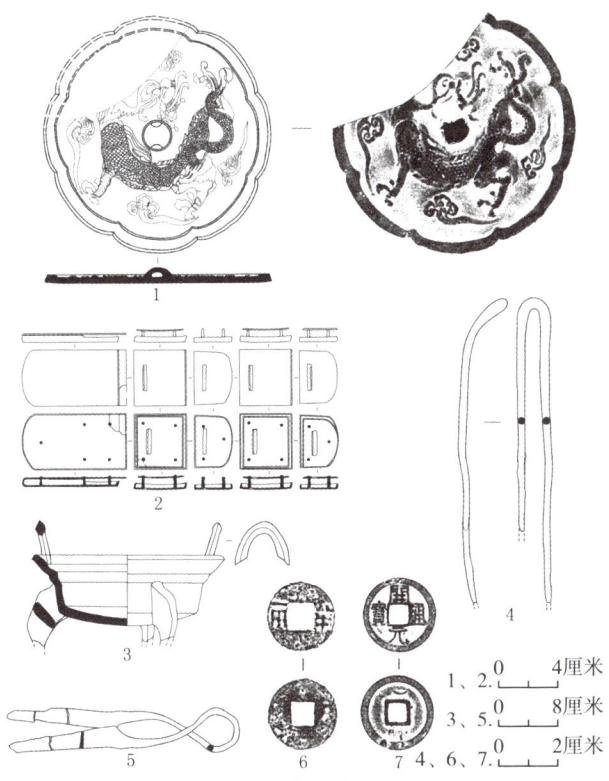

图五　出土器物
1.铜镜（M1:17）　2.铜带具（M1:18）　3.铁釜（M1:19）
4.铜钗（M1:16）　5.铁剪刀（M1:20）　6.半两（M1:21-1）
7.开元通宝（M1:21-2）

径15.4、缘宽0.6、缘厚0.5、钮高0.6、钮径2、孔径0.7厘米（图五，1；照片七）。

铜带具　1套。M1:18，模制。长条形，两端半圆弧状，一端斜坡形，分为两层，一端置近长方形孔，中间衔接空隙，侧面向下略凹，中间及两侧置铜钉铆接。长21.5、宽3.4～3.7、厚0.6～0.8、壁厚0.1厘米（图五，2；照片八）。

铁釜　1件。M1:19，范铸。敞口，斜平沿，尖唇，深腹，圜底。内沿置对称铲状棱形双耳，下腹置弯曲"刀"字形三足，残。内沿饰两周凹弦纹，外沿饰一周凸弦纹。口径26、腹径19.6、底径18.4、残高16.4厘米（图五，3）。

铁剪刀　1把。M1:20，残，圆柱状"8"字形把，交股，弹压式，剪口微张，前窄后宽，刃斜平。残长31.6厘米（图五，5）。

半两　1枚。M1:21-1，圆形，方穿，正背面无郭，正面篆书"半两"二字，顺读。钱径2.37、穿径0.8、郭厚0.07厘米（图五，6）。

开元通宝　1枚。M1:21-2，圆形，方穿，正背面郭缘较窄，正面楷书"开元通宝"四字，对读，背穿上部铸一"月"纹。钱径2.51、穿径0.63、郭厚0.14厘米（图五，7）。

三、结语

密云新城墓葬未出土明确的纪年遗物，其年代仅能通过墓葬形制、随葬器物等方面来加以分析。

墓葬形制方面，有研究者指出，北京地区唐墓形制由弧长方形、弧方形到唐末圆形主体形制的变化[1]，该墓墓室略呈弧方形，形制与朝阳区生物院住宅小区M59[2]、密云大唐庄M63[3]、大兴新城北区M5[4]、房山长阳M1[5]等墓葬形制相近。墓门带有仿木建筑结构，为北京唐代墓葬的特

照片七　铜镜（M1:17）

照片八　铜带具（M1:18）

点之一，在密云大唐庄、大兴新城北区、房山长阳等唐墓均有发现。

随葬器物方面，墓中所出陶罐与房山前后朱各庄唐墓M1、M3⑥同类器形制相近，其中双系陶罐见于河北邢台桥东区95QDM2⑦、邯郸城区唐墓⑧、鸡泽县郭行墓BM4⑨等唐早期墓。瓷炉与密云大唐庄瓷炉M94∶4⑩形制相近，瓷执壶与河北邢台旅馆执壶M4∶1⑪形制相近，年代为相关研究中的盛唐至中唐时期⑫。铜带具与邯郸城区唐墓、鸡泽县唐墓同类器形制相近。

综合墓葬形制和随葬器物方面分析，该墓年代应在唐代中期前后。近年来北京地区唐代墓葬发现不断增多，相关研究逐渐深入。密云新城唐墓的发掘清理，进一步丰富了北京地区唐代墓葬考古学研究的内容，为研究北京地区唐墓的形制、分期及其所反映的社会发展、历史文化提供了重要资料。

绘图：安喜林　黄星
修复：彭美娟
摄影：张智勇　王殿平
执笔：张智勇　曾祥江　郝红红

---

① 刘耀辉：《试论北京地区唐墓》，《北京文博》1998年第4期。

② 北京市文物研究所：《北京朝阳区生物院住宅小区唐代墓葬发掘简报》，《北京文博》2004年第4期。

③⑩ 北京市文物研究所：《密云大唐庄：白河流域古代墓葬发掘报告》，科学出版社，2010年。

④ 北京市文物研究所：《大兴新城北区12号地唐代墓葬发掘简报》，《文物春秋》2010年第4期。

⑤ 北京市文物研究所：《北京长阳唐墓发掘简报》，《文物春秋》2012年第5期。

⑥ 北京市文物研究所：《前后朱各庄遗址区考古发掘报告》，《北京段考古发掘报告集》，科学出版社，2008年。

⑦ 邢台市文物管理处：《河北邢台市唐墓的清理》，《考古》2004年第5期。

⑧ 邯郸市文物保护研究所：《邯郸城区唐代墓群发掘简报》，《文物春秋》2004年第6期。

⑨ 邯郸市文物保护研究所：《河北鸡泽县唐代墓葬发掘简报》，《文物春秋》2004年第6期。

⑪ 李军：《邢台旅馆唐、金墓葬》，《文物春秋》2006年第6期。

⑫ 王春斌：《河北地区唐代墓葬出土注壶初步研究》，《文物春秋》2008年第6期。

北海万佛楼遗址发掘简报

北京市文物研究所

北海位于明清北京城皇城西北隅，与位于皇城西部的中海、皇城西南部的南海合称"三海"，按照中国古代传统的"一池三仙山"的模式布局，是中国现存最完整、最具代表性的皇家园林之一。万佛楼建筑群位于北海的北岸，为清代重要皇家藏传佛教建筑群之一，其东侧为阐福寺建筑群，南侧为极乐世界殿，西侧原为琉璃门与虎城，北侧原为教场，现为北京四中（图一）。万佛楼建筑群坐北朝南，纵向有三条轴线，主轴线由南向北依次为：普庆门、东西石幢、大千轮置石牌坊、矩形水池、汉白玉石桥、聚诸福德石牌坊、宝积楼（东配楼）、鬘辉楼（西配楼）及万佛楼。东次轴线原称"东所"，内有垂花门、澄性堂、镜藻轩、致爽楼、湛碧亭、澹吟室、清约池及周围游廊等建筑。西次轴线原称"西所"，内有垂花门及妙相亭。目前除普庆门、东西石幢、宝积楼、妙相亭、致爽楼等建筑尚存外，水池经改造，其他建筑均已无存。

为配合北京市涉藏文物复建工程建设，经国家文物局与北京市文物局批准，2010年10—12月，北京市文物研究所对万佛楼遗址进行了考古发掘工作。本次考古发掘区域主要为主轴线区域，发掘采用象限法布方，探方规格为10米×10米，布方以万佛楼院墙西南角内侧为坐标原点，探方编号X轴在前，Y轴在后。所布探方如图二所示。由于发掘区内尚存部分名贵植物无法移植，对部分区域予以保留，未进行发掘。现将发掘情况简报如下。

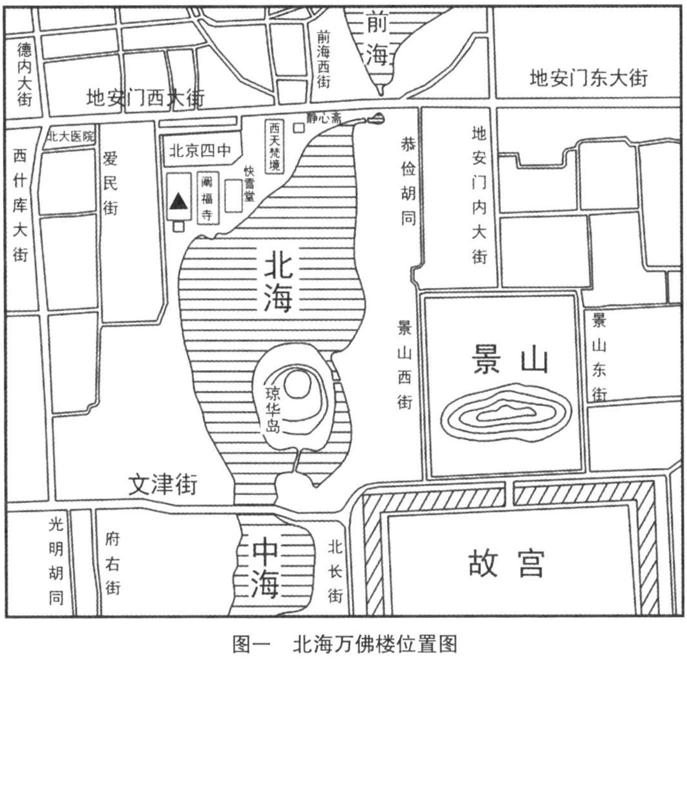

一、地层堆积

万佛楼遗址地层堆积共分为三层：

第①层：表土层，厚0.05~0.2米，土质较松，内含有白灰颗粒、现代垃圾。因遗址发掘前被辟为植物园，本层内有大量植物根茎。

第②层：垫土层，土色为黄褐色，土质疏松，厚0.2~0.8米，内含现代建筑垃圾。大佛殿、八方亭、重

图一 北海万佛楼位置图

考古研究

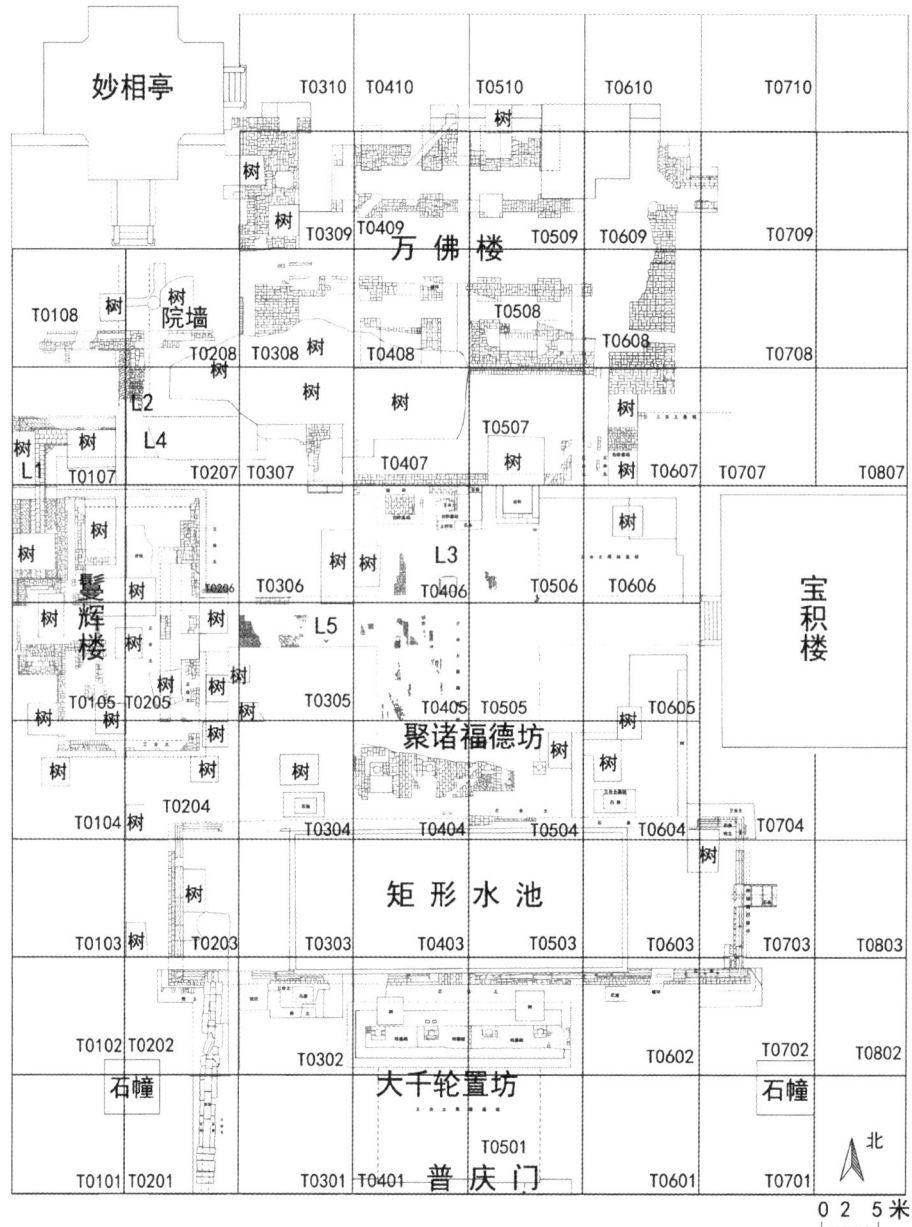

图二 布方与遗迹分布图

檐后殿的基座被拆除之后，1974年该区域被辟为植物园，由于建筑基础较为坚硬，不适合植物生长，相关部门专门运来土壤，覆盖在建筑基础之上。本层即辟植物园时所垫之土。垫土层主要分布于发掘区北部。

第③层：灰土层，土质相对疏松，厚约0.2米，其内包含琉璃建筑构件、青花瓷片等。主要分布于发掘区北部。

二、遗迹

本次考古发掘，揭露出的遗迹有大千轮罝坊基础、矩形水池、聚诸福德坊基础、髻辉楼基础、万佛楼基础、院墙基础、甬路基础。

1. 大千轮置坊遗迹

位于普庆门以北，水池以南，跨T0302、T0402、T0502三个探方。由月台基础、踏跺基础、散水基础等部分组成（图三）。月台平面呈长方形，东西长18.1米，南北宽4米。月台内发现残夹杆石四，自西向东依次编号为1—4号，夹杆石尺寸一致，均方1.1米，中间柱孔直径为0.6米。1—3号夹杆石内均残存木柱一截，1号夹杆石内木柱腐朽程度较为严重，柱径0.3米；2号夹杆石内木柱保存较好，柱径0.44米；3号夹杆石内木柱腐朽程度比较严重，柱径0.35米。牌坊面阔三间，明间面阔5.1米，两梢间面阔皆为4.5米，通面阔14.1米。散水基础宽0.7米。由于紧邻水池、地下水位较高，无法进行解剖。

2. 聚诸福德坊遗迹

位于水池以北，跨T0404、T0504等二探方。由月台基础、散水基础等部分组成（图四）。月台平面呈长方形，东部被现代坑破坏，北部被污水管道破坏，东西残长16.7米，南北残宽3.8米。月台基础用尺寸为0.43×0.22×0.1米的青砖砌成。月台内发现残夹杆石四座，尺寸一致，均方1.1米，中间柱孔直径为0.6米。面阔三间，明间面阔5.1米，两梢间面阔皆为4.5米，通面阔14.1米。南部散水仅存三合土基础，宽1米。由于紧邻水池、地下水位较高，无法进行解剖。

3. 矩形水池

位于大千轮置坊基础之北、聚诸福德坊之南，跨T0201、T0202、T0302、T0402、T0502、T0602、T0702、T0203、T0303、T0403、T0503、T0603、T0703、T0204、T0304、T0404、T0504、T0604、T0704等探方。平面呈长方形，东西长

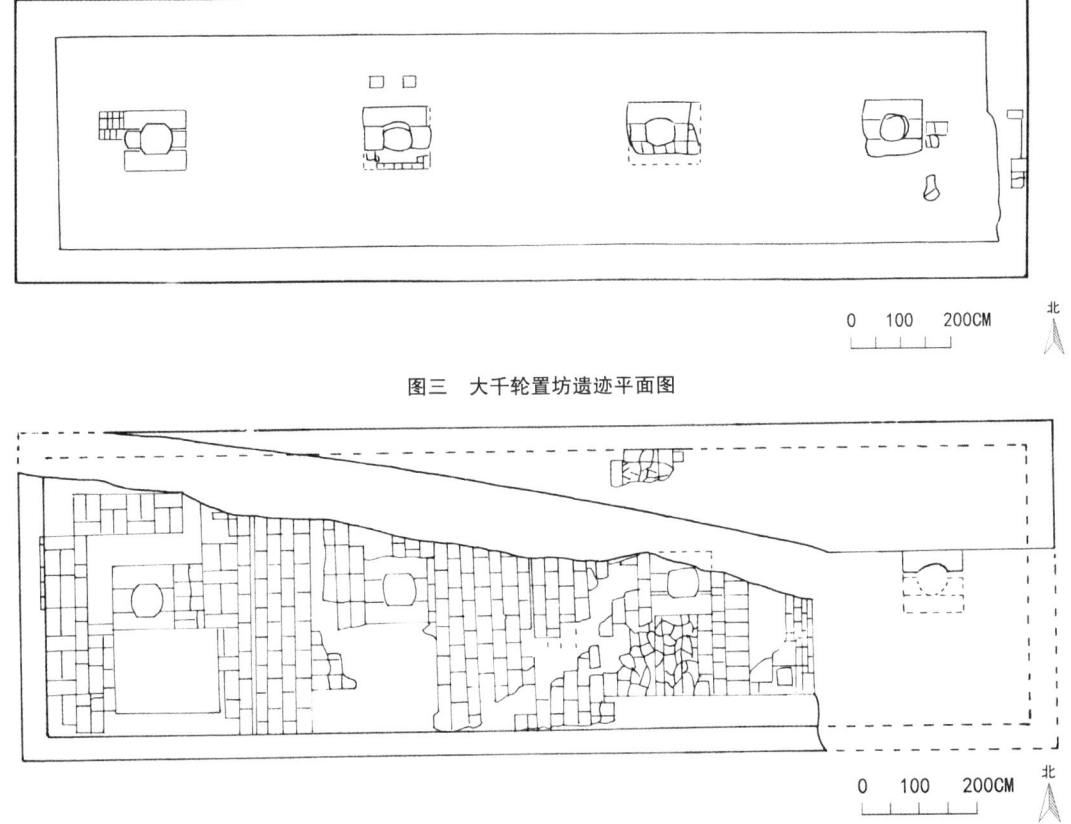

图三 大千轮置坊遗迹平面图

图四 聚诸福德坊遗迹平面图

50.5米，南北宽14.2米，深1.45米。水池的四壁用石条砌成，石条共三层，自上而下分别厚0.45米、0.5米、0.5米。石条长1.75~1.95米，宽0.6~0.7米。除牌坊明间所对位置外，最上层石条中间开宽度为0.2米、深0.04米的凹槽，以纳栏板。牌坊明间所对位置无凹槽，推测为石桥位置。同层相邻石条以铁扒锔连接，铁扒锔长0.2~0.3米，宽0.03米，厚0.01米。水池四周砌青砖基础与三合土基础各一圈，水池东壁外砖基础宽0.6米，南壁外砖基础宽约1.2米，西壁外砖基础宽1米，北壁外砖基础宽0.6米，砖砌基础用砖规格为0.5米×0.24米×0.12米。东壁外三合土基础宽0.5米，南壁外三合土基础宽0.65米，西壁外三合土基础宽0.8米，北壁外三合土基础宽1.6米。水池西南部有一条南北向石砌水沟，南北长18.7米，水沟自南向北逐渐变窄，北部宽0.4米，南部宽0.6米，深0.4~0.6米。水沟北部有一水闸槽，长0.8米，闸槽宽0.1米。根据水沟的结构推测为输水沟。水池东部有一排水沟，揭露部分长2.4米。排水沟上铺石板，石板长1.65米，宽0.55~0.9米。石板上尚存厚0.3米的三合土。东壁下部辟一拱形沟门，与排水沟相连，沟门宽0.25米，高0.3米（图五）。

4. 鬟辉楼基础

鬟辉楼基础位于院落西部，跨T0104、T0204、T0105、T0205、T0106、T0206、T0107、T0207等探方，沿中轴线与宝积楼对称分布。平面呈长方形，南北长22.1米，东西宽11.9米。由灰土基础、台明基础、磉墩、拦土、散水基础、踏跺基础等部分组成（图六）。灰土基础为一块儿玉式，东北部被现代坑打破。经解剖，灰土基础共分三层，第一层厚0.15米，第二层厚0.15米，第三层厚0.25米。台明基础位于台基灰土基础四周，用青砖以灰土作为粘结材料砌成，宽0.83米，残高0.45米。磉墩均为连二磉墩，共12个。分东西2排，每排6个。磉墩规格相同，东西长2.85米，南北宽1.35米，残高0.65~0.67米。相邻磉墩南北边距为2.5米，东西边距为4.5米。磉墩之间连以青砖砌成的拦土，每排磉墩砌拦土两排，檐柱下拦土宽0.9米，金柱下拦土宽0.67米，残高0.65~0.67米。散水基础

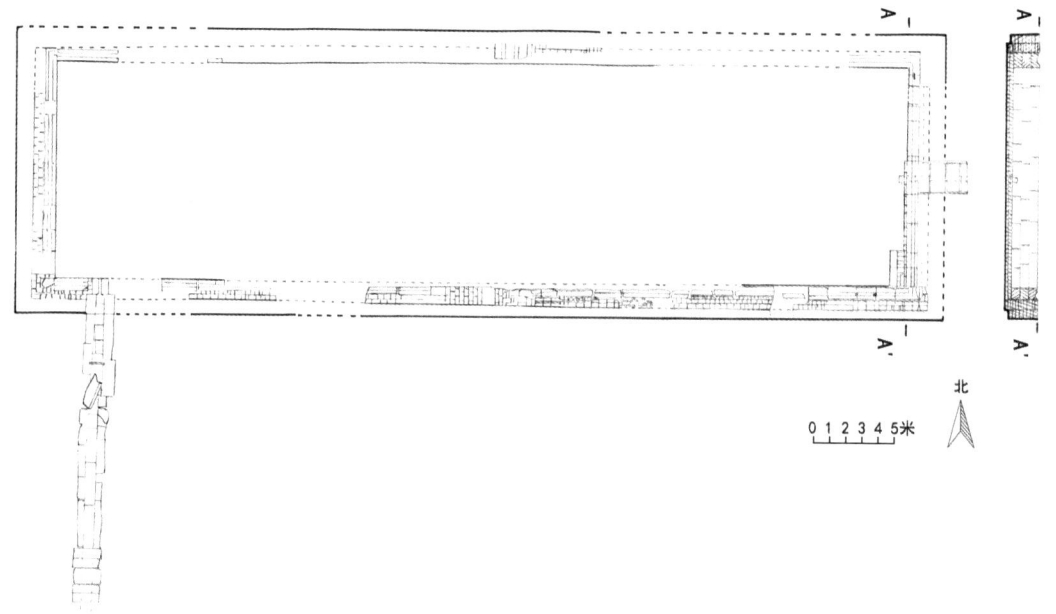

图五 矩形水池平、剖面图

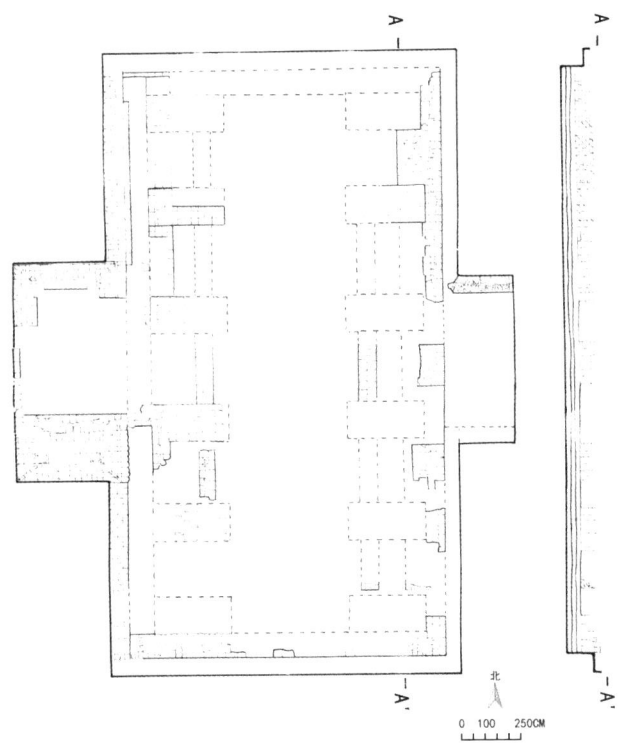

图六 鬐辉楼基础平、剖面图

宽1米，分两层，上层用黄琉璃瓦铺成，琉璃瓦长0.32米，宽0.22~0.23米，厚0.02米。下层为一层三合土，厚0.2米。踏跺基础共发现三处：一处位于鬐辉楼基础东部，东西向，南北长4.4米，东西宽2.7米。另外两处位于鬐辉楼后，皆为南北向，沿着鬐辉楼东西向轴线对称分布，北侧台基基础南北长1.75米，东西宽2.55米；南侧台基基础南北长1.75米，东西宽2.55米，尚存燕窝石一块。用砖规格为0.48×0.23×0.12米。

5. 万佛楼基础

位于院落北部、妙相亭的东南侧，跨T0406、T0506、T0308、T0408、T0508、T0608、T0309、T0409、T0509、T0609、T0310、T0410、T0510、T0610等探方。由台基基础、月台基础、踏跺基础等部分组成（图七）。

（1）台基基础：台基灰土基础平面呈长方形，为一块儿玉式做法，由夯土基础与砖基础组成，东西总长37.8米，南北宽23.56米。经解剖，三合土基础共12层，第1~4层每层厚0.2米，第5~8层每层厚0.15米，第9层厚0.2米，第10~12层每层厚0.15米。三合土下布柏木地钉，地钉直径0.1米，长2.1米，相邻地钉间距0.1~0.3米。地钉之间掏当山石层厚度为0.1米，以碎砖填充。砖基础位于台基基础四周，共三层，用规格为0.5米×0.25米×0.13米的青砖以灰土为黏结材料砌成。

磉墩共发现16个，东西4排、南北4列。其中中间两排磉墩为单磉墩，平面呈正方形，边长2米，磉墩坑深0.4米，用0.5米×0.25米×0.13米的青砖以灰土作为黏结材料砌成。南北两排磉墩均为连二磉墩，规格相同，受发掘区现场发掘条件的限制，部分磉墩未完整揭露，经完整揭露的连二磉墩南北长3.7米，东西长1.75米，磉墩的高度、砌法、用砖尺寸与单磉墩相同。相邻的单磉墩边距3.29米，相邻的连二磉墩东西间距3.43米。自南向北，第一排与第二排磉墩之间边距1.57米，第二排与第三排磉墩之间边距5.14米，第三排与第四排磉墩之间边距2米。各排磉墩之间以拦土相连，宽1米，用青砖砌成，砌法和深度与

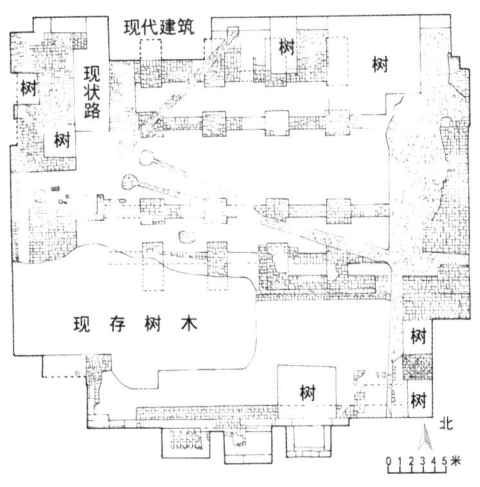

图七 万佛楼大殿平面图

磉墩相同。

（2）月台基础：位于台基基础南部，平面呈长方形，揭露部分东西长37.07米，南北宽8.44米。台明基础位于月台东、西、南三面，用青砖以灰土作为粘结材料砌成，月台南部尚存若干土衬石，根据宽度不同可分为两种类型，第一类宽0.65米，长1.1～1.37米，厚0.15米，位于月台西部；第二类长1.25～1.67米，厚0.15米，位于月台东部。

（3）踏跺基础：共5处，位于月台南侧及东西两侧。月台南面3处，两个侧面各分布1处。位于月台南侧正中的为正面踏跺，东西长3.95米，南北宽3.17米，如意石尚存，长3.95米，宽0.77米。正面踏跺两侧为垂手踏跺，尺寸相同，东西长3.9米，南北宽2.7米。东垂手踏跺如意石尚存，长3.9米，宽0.5米。月台两侧为抄手踏跺，西侧抄手踏跺揭露部分南北长2.3米，东西宽1.4米，东侧抄手踏跺揭露部分南北长1.5米，东西宽1.53米。

6. 院墙遗迹

共发现2条，均呈东西走向。1号院墙基础位于鬘辉楼之北、妙相亭之南，跨T0108、T0208，为西所的南墙，连接西墙与万佛楼。揭露部分长15.2米，宽0.88米，墙残高0.55米，共四层青砖，下部三层青砖规格为0.47米×0.23米×0.13米，上面一层青砖规格为0.36米×0.23米×0.08米。墙两侧散水宽0.7米，用规格为0.4米×0.2米×0.08米的青砖砌成。散水下为三合土基础，厚0.2米。墙下为三合土墙基，宽1.78米，厚0.8米，共四层，第一层厚度为0.22米，第二层厚度为0.2米，第三层厚度为0.2米，第四层厚度为0.18米。2号院墙基础位于万佛楼基础东侧、宝积楼北侧，揭露部位跨T0607、T0707，墙基宽0.56米，揭露部分东西长7.2米。

7. 甬路

共5条，其中南北向甬路3条，编号为L1、L2、L3，东西向甬路2条，编号为L4、L5。

L1呈南北走向，位于鬘辉楼西侧、院落西墙东侧，鬘辉楼西踏跺以南部分被破坏，踏跺以北部分长13.15米，宽3.4米。L1被四条牙子分为中间的御路与两侧散水三部分。中间的御路用方砖以灰土作为粘结材料按照十字缝的铺设方式铺成，宽1.25米，方砖规格为0.4米×0.4米×0.06米。两侧的散水均以灰土作为粘结材料用条砖陡板斜墁，西侧散水宽0.9米，东侧散水宽0.78米，条砖规格为0.42米×0.22米×0.1米。牙子砖长0.48米，厚0.11米，残宽0.12米。

L2呈南北走向，位于妙相亭之南、鬘辉楼之北。总长17.8米，南部被破坏，残长5.3米。结构及用砖规格与L1相同，东侧散水被现代水管沟破坏，残宽2.4米。

L3呈南北走向，北起万佛楼月台南踏跺，穿大千轮置坊、矩形水池上的汉白玉石桥及聚诸福德坊，向南延伸至普庆门。大千轮置坊以南部分均被破坏，现存部分仅存路基，残长17.4米，残宽16米。经解剖，路基上铺黄琉璃板瓦，瓦长0.32米，宽0.22～0.23米，厚0.02米。板瓦下为三合土基础，厚0.16米。

L4呈东西走向，西起L1北端，穿L2，一直延伸至月台西侧的抄手踏跺。东西总长23.7米，残宽3.2米。其中西部尚保存部分路面，长约4.3米，东部仅存三合土基础。结构及用砖规格与L1相同，唯南部散水被破坏。御路宽1.23米，北侧散水宽0.76米。

L5呈东西走向，西起鬘辉楼东侧踏跺，穿L3，延伸至宝积楼西侧踏跺，总长39.75米，宽4.4米。西部尚存部分路面，长约6.4米。结构与L1基本相同，御路宽2.46米，两侧散水宽度皆为0.77米。牙子砖长0.4米，残宽0.11米，厚0.1米。路下三合土厚0.16米。

8. 东所水池与游廊遗迹

仅揭露西南角局部，位于T0609东北部及T0709西部，水池壁用石条砌成，西壁揭露部分南北长1.6米，南壁揭露部分东西长2米。游廊基础位于水池外围，用砖砌成，水池西侧的游廊基础南北长2.4米，水池南侧的游廊基础东西长3.2米。

三、遗物

出土遗物主要分为陶器和石构件两类。陶器主要为砖瓦建筑构件，共8件；石构件共7件。

1. 陶器

筒瓦：1件。编号T0205③：1，瓦面施绿釉，通长32.8厘米、宽14厘米、高8厘米、厚2.2厘米（图八：1）。

板瓦：1件。编号T0407③：1，残，表面施黄釉，正面模印"四西作造"四字，残长12厘米、宽9.2厘米（图八：6）。

瓦当：2件。均为黄琉璃龙纹瓦当，由环形外缘和圆形内区两部分组成。标本T0106③：1，上半部残，外缘素面，宽2.9厘米，内区龙纹首尾部分均残缺，仅存前后爪各一、部分龙纹、火焰珠及火焰纹饰。残长15.3厘米、厚2厘米（图八：3）。标本T0106③：2，上半部残，外缘素面，宽2.4厘米，内区龙纹仅存龙首及前身。残长10.8厘米、厚1.6厘米（图八：4）。

滴水：1件。编号T0401③：1，残，由外缘与内区两部分组成，施绿釉，外缘素面，内区饰龙纹。残长18.8厘米、宽8.4厘米、外缘宽2厘米、厚1.6厘米（图八：5）。

承奉连砖：1件。编号T0206③：1，残，表面施绿釉，平面呈"工"字形，上部较窄，下部略宽，残长14、宽20、残高10.8厘米（图八：2）。

脊兽：1件。编号T0106③：3，残，施黄釉，仅存兽头，口微张，獠牙、圆目、凸鼻、鬃毛卷曲。残长22.4厘米、残宽16.8厘米（图八：7）。

佛像：1件。编号T0205③：1，泥质红陶，残，佛头已失，上身赤裸，颈部饰璎珞，双手捧宝瓶，结禅定印，双足结跏趺坐，端坐于仰覆莲座上。残高10.5厘米（图八：8）。

2. 石构件

栏板：2件。标本T0104①：1，位于西院墙散水之上，由寻杖、净瓶、面枋三部分组成，寻杖上起鼓线，净瓶为三个，两端为半净瓶，中间为完整净瓶，净瓶之上寻杖之下为三幅云雕刻，面枋两面各凿出5个"池子"，栏板两端各出一长方形榫，底面出二长方形榫。栏板正面相邻两边有一定倾斜角度，推测为垂带上或石桥上所用栏板。长172.5厘米、残高90厘米、厚18厘米（图九：1；照片一）。

标本T0203③：4，残，仅存部分寻杖及与之相连的部分三幅云雕刻。残长26.2厘米、残高21.4厘米、厚13.2厘米（图九：

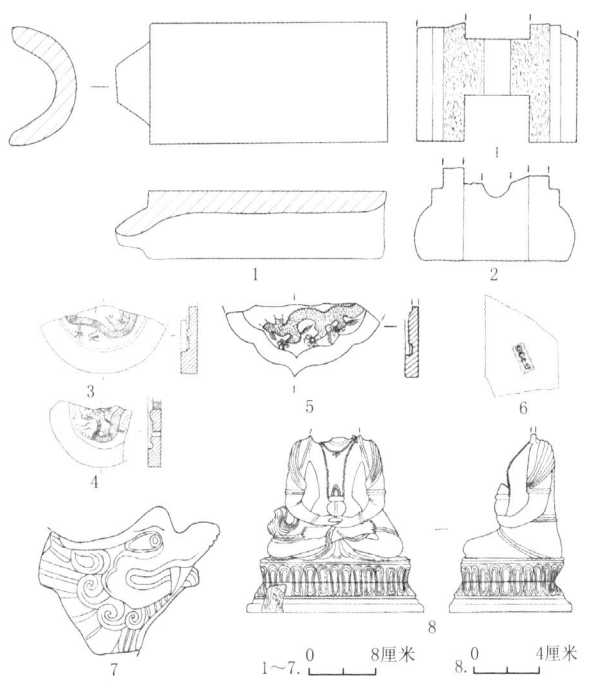

图八 出土遗物
1.筒瓦（T0205③：1） 2.承奉连砖（T0206③：1） 3.瓦当（T0106③：1） 4.瓦当（T0106③：2） 5.滴水（T0401③：1） 6.板瓦（T0407③：1） 7.脊兽（T0106③：3） 8.佛像（T0205③：1）

3)。

望柱：1件。编号T0208③：1，柱头残，仅能辨认出部分莲瓣；柱身正面落两层"池子"，内层"池子"宽5.2厘米、高71.2厘米，外层"池子"宽12.8厘米、高74.8厘米；柱身侧面凿有栏板槽，槽的中部偏上凿有长方形卯以纳栏板榫，槽宽15.6、高74.8厘米，卯宽6厘米、高12厘米、深4.8厘米；柱子底面榫头径6厘米、高3.6厘米。柱身方19.6厘米，望柱残高100厘米（图九：2；照片二）。

石兽：4件。均已残。标本T0203③：1，仅存兽头，口微闭，獠牙外露，鼻前凸，眼睛向前突出，小耳，长角后仰，发前倾，嘴角有三束卷曲鬃毛，颚下满布鳞片。残长42厘米、残高36厘米，根据外形推测为麒麟残件（图九：4；照片三）。标本T0203③：2，仅存兽头，口含珠，凸鼻，突目，颚下为卷曲鬃毛，头顶满布卷曲毛发。残长47.2厘米、残高34.8厘米。根据外形判断为石狮残件（图九：5；照片四）。标本T0203③：3，仅存腰部、臀部、后肢及残存尾部，卧于饰有宝山纹的台面上，残长44厘米、残高35.6厘米。石

照片一 栏板（T0104①：1）

照片二 望柱（T0208③：1）

照片三 石兽（T0203③：1）

兽的造型与石狮的外形近似，可能是石狮的一部分（图九：6；照片五）。标本T0105③：4，仅残存后半部，后肢饰火焰纹，尾巴卷曲上扬，脊背有角状火焰鳍，满布鳞片。残长43.6厘米、残高41.6厘米（图九：7；照片六）。

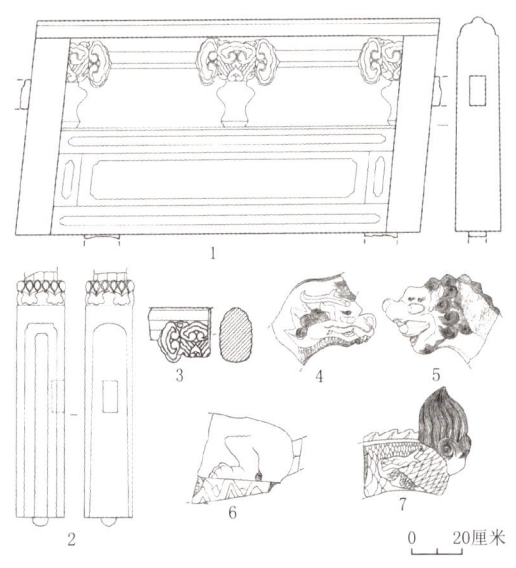

图九 出土遗物
1.栏板（T0104①：1） 2.望柱（T0208③：1） 3.栏板（T0203③：4） 4~7.石兽（T0203③：1、T0203③：2、T0203③：3、T0105③：4）

四、结语

照片四 石兽（T0203③：2）

照片五 石兽（T0203③：3）

照片六 石兽（T0105③：4）

根据考古发现无法直接确定遗址的始建年代与毁坏年代，须参考文献资料。据《国朝宫史》卷六十八"西苑"条记载："极乐世界之北为万佛楼，楼广七楹，三层，乾隆三十五年建。"[①]成书略晚的《日下旧闻考》卷二十八"国朝宫室"条的记录与之相符。[②]

1924年成书的《三海见闻志》卷三记录："（极乐世界）佛殿之北为普庆门，入门南北置坊二座……今南坊依旧，北坊只剩坊基，牌已被毁。宝积楼如故，鬘辉楼则孤壁独立，只余瓦砾，盖前数年已遭火劫矣。观音殿迤北行，过石池，为万佛楼，俗亦称万福楼。佛座尚完，佛则于庚子年被日军运去，无一余者。"[③]可见，至1924年，大千轮置坊仍保存较为完好，聚诸福德坊、鬘辉楼则已毁。其毁坏可能与八国联军侵华时期万佛楼沦为日军司令部有关。文中记录万佛楼内佛像被日军劫掠，并记录当时佛座尚完好，并未提到万佛楼建筑保存状况，说明当时万佛楼建筑可能并未遭到毁坏。

1953年2月8日，因公园开展文化活动，利用万佛楼院落开办露天电影院。为了安全，公园管理部门报请拆除大千轮置石牌坊，经人民政府同意后拆除。1959年，万佛楼露天电影院因故停办，有关部门为了充分利用万佛楼内各建筑，将万佛楼改为仓库，宝积楼内建冷库和冷食制造车间。1964年9月，北京市人民委员会第二次行政会议讨论通过拆除万佛楼。并报请国务院批示。1965年国务院以"[65]国秘字第57号"批文同意拆除万佛楼，但要求拆除前要进行照相、测量。1965年2月15日，相关部门开始实施万佛楼拆除工作，至1966年4月，除留首层作为仓库使用外，拆除工作基本完成。1970年市建委派市建筑艺术雕塑工厂拆除万佛楼月台须弥座，运至天安门工地，在修缮天安门工程中使用。1975—1979年，继续拆除了万佛楼底层，并辟万佛楼及其前空地为植物园，种植花木。[④]

根据《国朝宫史》卷六十八"西苑"条"楼广七楹"的记载，以及传世民国时期拍摄的万佛楼大殿老照片，可确定万佛楼为一座面阔七间的建筑。但本次发掘仅在大殿基础中部发现排列有序的磉墩四排四列，除西南角、东北角因名贵树木未能移植无法发掘，台基东部部分区域被破坏，台基东部与西部对应柱网的重要节点均未发现磉墩遗迹。为了探究其原因，我们对相关区域进行了解剖，发现台基东西两侧所砌砖基础也为青砖三层，与磉墩用砖层数相同，故能承担磉墩的所承担之压力，无专门设置磉墩的必要，这可能是台基东西部区域及四角相应区域未发现磉墩遗迹的原因。

本次发掘，基本摸清了万佛楼建筑群主体院落的布局，确定了大千轮置坊、聚诸福德坊、矩形水池、鬘辉楼、万佛楼及院内道路的平面布局与建筑基础结构。确定大千轮置坊与聚诸福德坊均为面阔三间牌坊，明间面阔5.1米，两梢间面阔皆为4.5米，通面阔14.1米。确定矩形水池平面东西长50.5米，南北宽14.2米，深1.45米，水池的四壁用石条砌成，水池四周围以栏杆，水池中央架南北向桥梁一座。水池西南部有一条南北向石砌输水沟，水池东部有排水沟一条。根据磉墩分布，确定鬘辉楼为一座五开间前后廊式建筑。各间面阔均约为3.85米（面阔与进深之间距离以磉墩心距推算），通面阔约19.25米，进深三间，东西两间均约17.15米，心间约5.87米，通进深约9.3米。确定万佛楼为一座面阔七间、进深五间的建筑。根据发掘情况推测明间、次间、梢间面阔均约为5.2米，尽间面阔约为2.3米，通面阔约为30.6米；进深方向自南向北第一间（廊）深约为2.3米，第二间深约3.5米，第三间深约7.1米，第四间深约3.9米，第五间（廊）深约2.3米，通进深约为19.1米。

本次发掘的栏板为斜栏板，推测为垂带上所用之栏板。本次出土的望柱为莲花望柱，根据老照片，万佛楼石桥与万佛楼台基四周栏杆均使用云龙望柱，因此本次发掘出土的望柱非万佛楼院落遗物。院内出土4件石兽。宝山纹石构件及石狮多用于夹杆石露明部分上端，麒麟残件多见于夹杆石露明部位雕刻。4件石兽均出土于牌坊遗址附近，故推测出土的石兽可能为大千轮置坊或聚诸福德坊的夹杆石构件。

本次发掘的建筑基础为典型清代官式建筑做法，为研究清代官式建筑技术提供了重要的实物资料。本次发掘摸清了万佛楼主体院落的建筑布局，为万佛楼复原工程提供了重要的参考资料。

发　掘：朱志刚、冯双元、马奔

绘　图：杨科民、曾谦、张志伟

执　笔：冯双元、王宇新、尹达

---

① （清）鄂尔泰、张廷玉等：《国朝宫史》，北京古籍出版社，1987年，第627页。

② 《日下旧闻考》卷二十八"国朝宫室"："乾隆三十五年，御制万佛楼成。"（清）于敏中等：《日下旧闻考》，北京古籍出版社，1983年，第401页。

③ 适园主人：《三海见闻志》，北京古籍出版社，2005年，第126页。

④ 北海景山公园管理处：《北海景山公园志》，中国林业出版社，2000年，第121页。

关于考古田野调查的方法与实践

——以美国怀俄明大学人类学系考古调查为例

姚 庆

田野调查又称田野工作、田野作业、田野考察、野外考察、实地调查、实地考察等，[①]是人类社会学研究的主要方法，同时也是历史学、考古学研究的基本理论，即在研究工作开展之前，为了取得第一手原始资料的前置步骤，是研究工作取得成功的前提[②]。而田野考古调查即是在田野调查基础上延伸出的新兴学科，它是天文、地质、测绘、历史地理、社会民俗等多学科合作的综合研究方法。通过田野考古调查，不仅能够初步掌握古代文化遗存的性质、年代、分布范围等信息，而且是研究历史材料的真实来源，是考古发掘和后期整理研究的前提和基础。当前学界有关考古田野调查方面的研究已取得重大成就，其理论成果多以教科书或考古报告附属章节形式出现，如张之恒先生《中国考古通论》、冯恩学先生《田野考古学》、于海广先生《田野考古学》、马鸿藻先生《田野考古绘图》、中国社会科学院考古研究所《宝鸡北首岭》《庙底沟与三里桥》《夏县东下冯》《胶县三里河》等，此外，在若干考古期刊及考古汇编中，如《蓝田野村遗址考古调查简报》《河北邢台县考古调查简报》《山东薛河流域区域系统考古调查简报》《北京考古工作报告（2000－2009）》等，均对考古田野调查实践做出详细说明。但同时我们也认识到，田野调查理论与考古学相结合的方法论方面尚有所欠缺，考古调查专门性研究较为稀缺，以及考古田野调查与考古发掘相比存在"弱势"现象。因此文章运用田野调查理论方法，以怀俄明大学人类学系考古调查实践为例，探析考古调查方法的运用及在田野实践中所应注意的问题，以期对考古田野调查有所补益，求教于方家。

一、考古田野调查理论方法概述

考古田野调查与人类社会学领域田野调查一脉相承，既有共通之处，也有其相异性。从传播时间而论，田野调查理论是在19世纪末20世纪初，由人类学家提出、倡导和实践，并终成为人类学者赖以收集资料、开展研究和建构理论的方法[③]。而中国近代考古调查也是在19世纪末20世纪初由国外发展而来[④]，经过数十年发展完善，使之中国化，形成适应中国社会历史发展的田野调查方法。从概念定义来看，田野调查无论从广义还是狭义，均包括考古调查。但在定义方面，田野调查是一种深入到研究对象的生活背景中，以参与观察和非结构访谈的方式收集资料，并通过这些资料的定性分析来理解和解释现象的社会学研究方式[⑤]。而考古调查则是实地考察、获取实物资料以研究历史的学科，它是在基本不破坏原有遗存的情况下，对遗存进行考察、记录，有选择地收集暴露出来的遗物，并确定需要保护的遗存[⑥]。从研究目的来看，田野调查关注更多的是文化差异和文化法则，通过观察、体验、访谈、记录等方式获得资料的过程[7]。考古调查主要目的是了解古代遗存的分布情况、做好现场文化遗存记录、并选择重要遗址进行发掘研究或保护[8]，是做好文物保护的基础。从研究取向而论，田野调查更倾向于考察社会现实状况和未来发展前景，考古调查则是直接为考古发掘和后期整理研究提供材料，使历史研究获益。从理论基础和价值取向来看，社会学田野调查或研究乃是要依据某一部分事实的考察，来验证一套社会学理论或"试用的假设的"[9]。考古调查以古代遗存为考察基础，充分运用文献记载结合地下实物资料研究古史的"二重证据法"，揭示古代历史现状和发展规律。从调查过程来看，田野调查大致分为三个阶段，即准备工作阶段、实地调查阶段、整理分析阶段[10]，这与考古调查类似，即调查前准备工作、实地勘察所应注意问题、调查记录工作。从调查对象来看，田野调查研究对象是一系列异文化群体，研究者长期与被研究者居住在一起，参与、观察当地的生活，研究其社会结构，了解当地人的思想观念，以达到研究者的工作需要[11]。考古调查对象主要是具体的文化遗存，如平地上的居住址、洞穴中的居住址、城寨遗址、古代墓葬、人工挖掘的矿穴或采石坑、摩崖造像和题刻、可移动的石刻、古代建筑物、石器、骨器、陶器及其他遗物和遗迹[12]。从研究方法而论，田野调查利用声音和影像等手段以观察、参与、访谈、体验方式去感悟和认知被调查文化。考古调查则运用地层学方法，辨别土质、土色以确定年代，其手段如探铲、罗盘、摄像机、飞行器、全站仪等高科技手段，实现多学科共同合作的可能。从国内外传承关系来看，国外田野调查以人类学、民族学、社会学为支撑，在人类学领域，几乎所有的研究成果都是以田野调查作为起点或者源头[13]。同时，考古调查在国外也属人类学系范畴，与国内独立成系不同，但在理论方法传承上是相通的。

考古调查区别于人类社会学田野调查，结合中国历史现状，形成独具中国化的调查特点，主要体现在以下三个方面：第一，专业性。考古调查需要由专门训练的技术人员进行，利用专业器具，如洛阳铲等，正确识别生土、灰土、游土、夯土、路土、五花土、红烧土等，并且采用合理的布孔方式，如梅花点式布孔、井字式布孔。针对一些难度较大的遗址，如大同云冈石窟、殷墟、周原等，则需要使用物探和化探高科技手段。第二，集体性。考古调查分为前期调查和后期勘探两个阶段，每一阶段均需要一定数量人员参与，包括采集标本、制定坐标分布图、做好记录等，尤其后期勘探阶段，则需要大量技术人员利用探铲布孔，站成一排，可根据实际情况，间隔一般在1~5米左右，向前拉网式钻探。第三，规律性。考古调查期间对所调查区域或对象是有据可查，即古代人类文化是有一定规律的，从遗存特征、生存环境、地理分布等方面进行考虑，如古代居住址多分布在背风、近水、向阳的地方，如新石器时代，人类将村落建在山坡下台地上、两河流交汇处和近年在黄土高原发现的窑洞遗址[14]。

考古调查过程中为提高勘探效率及合理保护地下文物，应遵守以下原则：第一，客观性。即地下文物遗存是客观存在的，不受人类意识所改变。在考古调查过程中，要严格依据遗存的现状真实记录，不能随意改变其年代、范围、用途等，保证其真实性和可靠性。第二，科学性。考古调查中，要注重调查材料的全面性和逻辑性，对文化遗存的记录不仅要清楚"是什么"，更要明确"为什么"，才能保证考古材料的科学性；其次，在考古调查过程中，要运用到多种高科技手段，如古地磁、14C断代、电子自旋共振测年、热释光、氨基酸外消旋法等，还涉及物探、化探、遥感等科学方法。第三，关联性。考古调查是一门多学科合作的学科，如物理、地质、化学、生物、计算机、历史、社会学等，每门学科均具有特定功能，相互之间有机结合形成最优组合系统，共同为保护地下文物做出贡献。如2015年山西洪洞坊堆遗址、永凝堡遗址即是采取多角度综合研究、丰富田野调查成果的一次尝试⑮。

考古调查是田野考古重要阶段，虽不用深入发掘，但是能发现新的遗存地点，可以了解某一遗存分布范围和分布状态，这是发掘工作难以做到的⑯。根据考古调查媒介不同可分为地面探查、航空勘探和海洋探测三种主要形式。地面探查是当前田野调查的传统形式，即通过人力步行调查、记录的方式完成，根据目的不同又分为全面普查、专题调查和预备调查，目的均是了解地下文化遗存性质、年代、分布范围、保存状况等，如夏文化调查即属一种专题调查。航空勘探是指利用飞机或飞行器航拍整个遗迹，从高空探测遗迹分布范围、形状及各个遗迹之间的关系，这日益成为现代田野考古调查的主要方式。海洋探测指利用水下呼吸器调查古代人类从事海洋活动的文化遗存，并在辽宁、山东、浙江、福建、广东等沿海省市设立基地开展水下调查，是当代新兴考古调查方式之一，且成为中国考古学中最具活力的考古学术领域。我国沉船考古即是依托海洋调查开展起来的，如2016年开始至今的四川彭山"张献忠沉银"水下考古，就是充分利用水下考古方式对海洋文物遗存保护的尝试。

二、怀俄明大学人类学系的考古田野调查实践应用

考古田野调查方法主要来源于国外，19世纪末20世纪初，中国开始从事田野考古活动的主要为一批来华外国学者，如斯坦因、伯希和、华尔纳、安特生、鸟居龙藏等，他们打着田野调查的旗号，从事文物盗窃活动。在此种情况下，亟需爱国人士将国外考古技术引入中国，结合国内遗存状况开展文物保护工作，如梁思永、李济、裴文中等先生便如此。当今，国外考古调查技术日新月异，既有需要学习、借鉴之处，也有糟粕，因此要结合本国国情，科学、合理地开展田野调查工作。作者于2016年6—7月，在美国怀俄明大学人类学系参加考古田野调查活动，现总结感受一二，期望以国外田野调查实践经验，对我们考古调查有所补益。

怀俄明州地处美国西部落基山区，平均海拔2000米，相当于我国青藏高原，原生地貌保存较好，美洲地区土著文化延续至西班牙人到来之前，仍然使用打制石器，故此次田野调查以旧石器时代考古遗存为主。被调查地名为詹姆士遗址，共选择草地和山脉两处开展调查工作，分述如下。第一，草地区田野调查。调查前需预先选定一区域，将其坐标绘制地图，并用GPS定位，由领队一人调控区域，其余十五人站成一横排，手中各拿小彩旗，每人间隔大致在1至2米不等，边界亦由有经验队员调节。准备就绪后，开始向前推进，行进过程中如发现石片或岩石聚集地，则需要用对讲机告诉其他人发现了遗迹现象，经领队确认后插入一个彩旗。需要注意的是，行进过程中要保持队形一致，队列中一人发现遗迹后，其他队员要观察各自周围是否有类似遗存发现。当一个区域调查完毕后，领队会取出地图，用特定的尺子经比例尺换算后在地图中标注所发现的遗迹位置。一天时间，大致可调查2～3片区域。待大片区域调查结束后，要进行航拍，需要队员举旗站在特定遗迹点，用飞行器从高空中摄影，便将该区域遗迹的范围、形状调查清楚。第二，山脉区田野调查（图一）。即在连绵不断的山脉中展开调查，与草地区调查类似，需要每位队员手拿小彩旗排成一列，在山顶空旷处同速行进。收获较大的是该区域收集到大量石片，首先要用GPS定位后绘制在图中，然后要对它的形状、材质、颜色、大小进行分类记录。通过参加两次考古田野调查，使我对美国旧石器时代文物遗存

分布及特征有了初步了解，对比国内所参加的田野调查是有所区别的。现将国内与国外考古调查的异同作一比较，以总结实践经验。其一，国内田野调查要结合该地域历史文化，如查阅文献史料、考察当地地理情况、社会民俗背景、当地相关历史遗迹、走访相关人士等；而国外遗存，以美国为例，直至公元1492年哥伦布发现美洲之前，北美一直处于石器时代，无历史文献记载，且考古地层单一，因此在考古调查中，国内考古调查要考虑多种文化因素影响。其二，国内田野调查通过步行调查文化遗存，确定其大致范围后，用石灰粉拉线，再用探铲试掘，以确定文化年代及性质等信息，将收集的遗物登记、拍照。在钻探方面与国外对比，还是存在差异的，洛阳铲的使用便是适应中国国情而产生的。其三，在使用高科技方面，国内与国外考古调查是一致的，如飞行器航拍、RTK测定数据范围、全站仪、GPS等，均是调查过程中不可或缺的工具。其四，由于历史悠久，朝代更迭，国内调查更注重地层学和类型学的应用，因此在调查钻探中，更要分清地层的分层情况，如土质、土色、包含物的不同，这与国外考古调查是有所差别的。其五，国内考古调查中，还要注重古代遗存分布规律及不同文化遗存的特性，例如外表形状近似但实质不同的遗存，古代的坟堆和某些建筑的台基遗迹，在外表与天然的地貌、小丘很容易混淆[17]；另如经过人类磨制石器与经风化等自然作用外表类似人工磨制石器的区分等。

三、考古田野调查意义

受人类社会学田野调查及多学科合作的影响，田野考古调查不仅成为发现地下文化遗存的一种方法，更成为一种研究田野考古的理论技术。随着城市化进程的发展，在实践考古调查过程中，同时也要注意一些问题，如调查者主观臆断的存在，调查中对文物遗存性质、年代的判断，要根据遗存客观属性，科学真实地反映，不能受到固有经验及外部主观意识影响；杜绝调查者知识储备局限性的存在，由于我国文化遗存的特殊性，在考古调查过程中需要查阅大量文献史料，需具备必要的专业技能，如调查某一古人类房址时，对房址的建筑样式及分布环境要有一定的判断力；杜绝极端文化相对论的存在，每一种文化都有其独创性和充分的价值，每种文化的独特之处都不会相同[18]，考古调查亦是如此，要科学合理地对待每一处文化遗存，不能因为价值大小、财政投入、环境恶劣等因素对不同的遗存有所挑剔和偏颇；还要杜绝调查者对高科技手段介入考古的传统意识，长期以来，田野调查中有"中国化"的现象存在，例如钻探过程中，面对面积广且较深的区域，有些队伍仍然采用洛阳铲传统方式，拒绝或不具备使用RTK等科技手段，不仅效率低，而且速度慢。面对此种情形，首先要提高考古调查人员的专业技能水平，加强人才素质的培养，使真正的人才为国家考古所用。其次要加强科技力度的投入，如对物探、化探、航拍技术的引入，用更科学、客观、准确的数据反映地下考古

图一　山脉区田野调查（作者自摄）

遗存。再次要加强多学科领域的合作，相互配合，达到最优组合系统，保证其真实性。此外，还要加强考古调查财政资金的投入及地方政府、文化机构的大力支持，共同推进文物保护事业的进程。最后，要与人类社会学领域田野调查的方法理论相互借鉴，不能相互抵触，要注重理论与实践应用的密切结合，这样才能将考古田野调查事业推向新的发展进程。

---

① 董建波：《史学田野调查方法与实践》，上海辞书出版社，2013年，第1页。

② 舒慧敏：《对人类学田野调查的几点看法》，《学理论》2011年第15期。

③ Vesna V.Godina, Anthropological Fieldwork at the Beginning of the 21st Century: Crisis and Location of Knowledge. Anthropos, 2003, 98(2):473-487.

④ 1895年，日本人鸟居龙藏到东北调查；1898年俄人克兹洛夫到西北调查，至1899年，殷墟甲骨的发现及之后研究成果使人们逐渐认识到地下遗存的重要性，成为研究史料的可靠来源。

⑤ 风笑天：《社会学研究方法》，中国人民大学出版社，2001年，第238页。

⑥⑯ 冯恩学：《田野考古学》，吉林大学出版社，1993年，第3页。

⑦ 秦懋：《对人类学田野调查方法的几点思考》，《群文天地》2009年第2期。

⑧⑭⑰ 李仰松：《田野考古调查概述》，《文博》1991年第3期。

⑨ 费孝通、张之毅：《云南三村》，社会科学文献出版社，2006年，第12页。

⑩ 容观敻：《关于田野调查工作——文化人类学方法论研究之七》，《广西民族学院学报（哲学社会科学版）》1999年第4期。

⑪ 许传静：《文化人类学田野调查的发展与实质》，《西藏民族学院学报（哲学社会科学版）》2006年第5期。

⑫ 张之恒：《中国考古学通论》，南京大学出版社，1995年，第8页。

⑬ Timothy Jenkins, Fieldwork and the Perception of Everyday Life. Man, New Series, 1994, 29(2):433-455.

⑮ 郑媛、郝丽君：《以完全开放的形式组织一次多学科合作的考古田野调查》，《中国文物报》2015年10月23日第7版。

⑱ 范正勇：《对人类学研究方法——田野调查的几点思考》，《青海民族研究》2007年第3期。

（作者单位：上海大学文学院历史系）

行业智慧博物馆建设的思考与探索

黄 虎

行业博物馆,是伴随着20世纪八九十年代中国博物馆事业发展的高峰而兴起的博物馆类型,由行业出资或地方政府和行业共同投资兴办,对本行业的文物、标本、资料进行收集、整理、研究和展示,反映本行业生产历史、发展过程和文化内涵。截至2016年,全国的行业博物馆数量已达753家,地质、铁道、农业、海关、化工、邮政、航空等行业博物馆已成为博物馆的重要组成部分。呵护视角独特的行业文化,保存本领域丰富多元的文化记忆,是行业博物馆的存在意义与特殊价值所在。

一、行业博物馆的发展状况及建设智慧博物馆的必要性

近年来,社会与行业的快速发展有效增强了行业博物馆的活力,行业博物馆的发展方兴未艾,数量不断增加。但是与综合性博物馆相比,由于藏品来源不足、博物馆文博专门人才短缺及行业需求与社会需求结合不够紧密等问题,导致博物馆的政策配套、专业规范有待进一步提高,一些博物馆发展定位、资源配置和管理运作出现困难,从而造成行业博物馆普遍社会关注度不高、影响力不大的局面。社会的变革对行业博物馆的管理和服务提出了更高的要求,传统的管理模式受到了新的挑战。

20世纪末,人类进入信息时代,技术变革推动了社会的发展进步,博物馆逐步走上信息化道路。行业文化是中华文化的重要组成部分,行业博物馆是弘扬和传承行业文化的窗口和平台,通过实现科学管理和规范服务,借助创新技术手段,打造智慧博物馆,从而大力弘扬和传承行业文化,扩大社会影响力和美誉度,已经成为行业博物馆面临的新课题。

国家文物局公布的2016年全国博物馆名单将博物馆按文物、行业、民办分成三大类,全国行业博物馆共753家,其中一级博物馆14家,二级博物馆21家,三级博物馆27家,其他691家暂无级,定级比例仅为8.2%,远远低于文物类博物馆23.2%的定级比例。从另一角度来看,这一数据也揭示了行业博物馆发展的巨大潜力。

2014年底,国家文物局确定秦始皇帝陵博物院、内蒙古博物院、广东省博物馆、甘肃省博物馆、金沙遗址博物馆、苏州博物馆6家博物馆为智慧博物馆试点,2015年增补山西博物院为试点。经过几年的摸索与实践,以这7家博物馆为代表,出现了一批初步具备智慧博物馆性质的博物馆。然而遗憾的是,行业博物馆中智慧博物馆建设数量寥寥无几。而行业博物馆是研究行业历史、文化的需要,因此,适应博物馆发展,建设行业智慧博物馆,是开展行业文化交流、服务社会公众、加强内部管理的需要,是行业博物馆发展的必然趋势。

二、智慧博物馆概述及行业智慧博物馆建设目标

智慧博物馆是以数字博物馆为基础,

充分运用云计算、物联网、移动通讯、大数据等新一代信息技术,感知、计算、分析博物馆运行相关的人、物、活动和数据信息,实现博物馆征集、保护、展示、传播、研究和管理活动智能化,提升博物馆服务、保护、管理能力的博物馆发展新模式和新形态[①]。

智慧博物馆具有如下特征:

1. 智慧博物馆利用物联网技术和传感技术实现对博物馆藏品、库房、展厅、设备等对象及其运行状态的自动、实时、全面的感知。

2. 智慧博物馆强调通过泛在网络、移动技术实现随时随地的智能数据服务和无所不在的网络互联服务。用户可以通过智能手机等移动终端设备、PC电脑或智能电视,在任何希望的时间和地点访问任何一家博物馆和藏品信息。

3. 智慧博物馆将数字博物馆建立的相对孤立、封闭的博物馆信息化系统架构进行升级、改造为协同、开放、融合的博物馆信息化架构,发挥博物馆馆藏信息系统和公众服务平台等系统之间的信息采集、存储、传输的整体作用。

4. 智慧博物馆强调"以人为本",强化人在博物馆中的主体地位,重视观众视角和用户体验。

然而,不完全等同于文物系统智慧博物馆的建设,我们认为,行业博物馆的现状和特殊性决定了行业博物馆智慧化建设要与行业信息化相结合,依附或依赖于行业信息化的发展,其建设目标需按照"统筹规划、分步实施、资源共享"的原则,根据信息实体虚拟化、信息资源数字化、信息传递网络化、信息利用共享化、信息提供智能化、信息展示多样化的建设标准,立足本行业,突出行业特色,整合行业藏品资源,以行业实体博物馆为依托,采集、整理博物馆的藏品数据、图书资料数据及影像数字资源数据,达到藏品体系科学、内容丰富、展示手段多样,集教育、科研和宣传等功能于一体的标准,更好地弘扬行业文化精神,宣传行业历史和当代成就,有效扩大行业的影响力。

三、行业智慧博物馆主要建设内容的思考

智慧博物馆的核心建设内容包括智慧管理体系、智慧服务体系和智慧保护体系,目前行业博物馆迫切需要建设的主要内容是智慧管理和智慧服务。

(一) 总体规划和标准体系建设

行业智慧博物馆的项目建设应采用"统一规划、分步实施、标准先行、资源共享"的策略。在遵循相关法律法规、标准及国家有关博物馆标准规范的前提下,结合技术发展趋势,并根据实际需要补充编制与行业博物馆项目有关的标准、规范及制度,形成一套完整、统一的标准规范体系,在总体规划和标准体系的指导下分步进行建设。

标准规范主要包括以下内容:

1. 数据采集录入规范。主要包括藏品数据采集规范、文献数据采集规范和多媒体数据采集规范。结合行业文物藏品传统分类方法和行业智慧博物馆建设的实际需求,参考《可移动文物信息指标代码及著录规范》《可移动文物影像信息指标体系及代码规范》等相关分类标准,实现藏品数据标准化采集。

2. 数据库类技术规范。包括各类通用数据交换标准、数据交换接口标准和应用接口标准等,支持各应用系统间的信息交换、互操作协议,使得各应用系统之间数据对接,用于指导应用平台的建设。

3. 运维管理制度。包括网络平台运行、资源数据管理系统维护制度等,用于指导完成日常的运维管理工作。

行业博物馆对标准规范特别是数据采集录入规范的制定,是用统一的标准描述和记录行业藏品信息及其流程,既体现了博物馆业务中的标准化,也保证了藏品信息资源建设的科学开展。例如中国邮政

邮票博物馆在进行藏品管理系统建设之初，充分酝酿，首先确定中国各历史时期邮政主管部门发行邮票和世界各国发行邮票的采集标准，尤其是指标项的整合和确立，避免随后的数据采集过程出现错误或偏差。邮票的一些特定指标项，如齿孔度数、枚数分类、邮票类别、发行日期、印刷版别、面值等都要充分考虑其共性和特殊性。中国邮政邮票博物馆确定的邮票采集标准具有专业性和权威性的特点，这一标准对其他综合性博物馆的邮票类藏品信息采集具有指导意义。

（二）藏品和观众的"智慧管理"

1. 藏品管理

藏品管理系统由藏品征集、藏品鉴定、藏品信息登记、藏品入馆、藏品账目管理、藏品复仿制、藏品保管、藏品注销、藏品修复、查询统计、事务跟踪提醒等功能模块构成，系统各个模块之间应强调业务之间连贯性和互通性，同时应保证藏品及其相关信息的高度组织关联性，将系统建成以藏品数据为核心的数据应用网络，适用于全方位的数据利用和挖掘。同时又是对藏品信息管理和藏品实体辅助管理的系统，涉及藏品征集、入藏、编目、检索、统计及所有藏品保管流程。系统的设计需结合电子标签等现代技术，实现信息与实物的统一且有效管理。运用这一技术，为每件文物建立唯一的身份凭证，使管理人员能够实时获取具体文物的详细信息，为文物管理提供有效的管理依据和手段。

藏品数据管理应根据行业自身特点，包括藏品的登记编目、鉴定分级、展览提借、研究统计等。目前许多行业博物馆所使用的藏品管理系统基本只能够用于简单的建档，应用也仅局限于登记和保管人员，无法满足数据分析等其他功能，难以实现数据的共享。采集的数据无法满足国家文物普查、馆内展示展览和对外宣传的需要，需要通过升级藏品信息管理系统实现业务需求。

就行业博物馆而言，除了具有博物馆共性的研究课题之外，同时应着重于研究本行业的历史演变，研究本行业工艺技术的发展沿革。行业博物馆藏品类型属性繁多，不同的部门需要维护和查看的藏品属性均不相同。因此，从实际业务需求出发，结合行业内外先进的藏品管理信息化、智能化建设理念和成功经验，以藏品为中心，以业务流程为主线，以数据登记、补充采集、积累、整合、统计、分析为手段，以先进的智能化管理为支撑，满足藏品管理、保护、科研、展览、宣传教育等业务的管理需要，结合"互联网+"的发展方向，全面提高行业博物馆的工作效率和智能化管理水平，为打造"智慧博物馆"奠定基础。

2. 观众管理

博物馆作为一个开放的公共文化服务机构，观众需求对于博物馆建设来说是一个非常重要的因素，"大数据时代"的到来为新时代的行业博物馆工作提供了一个更好的平台。

行业博物馆的观众主要为行业系统内部工作人员、行业文物爱好者、普通观众和青少年观众，观众基本信息可通过技术手段实现自动记录管理。观众通过网络进行参观预约登记，系统自动记录观众的姓名、性别、身份证号、同行人信息、预约时间等基本信息，并生成二维码提供给观众。根据预约记录，博物馆可以统计观众的年龄和地域信息；根据历史预约记录，博物馆可以统计观众参观博物馆的频率、喜欢的展览和喜欢参加的活动，是了解本馆服务的主要对象及确定核心观众的重要依据。

观众的"智慧管理"是要对观众的行为信息进行研究。观众凭身份证或二维码，在展厅入口处换取具有标识识别、人员跟踪、信息采集功能的电子门票。电子门票是一种将智能芯片嵌入纸质门票等介质中，用于快捷售票、验票并能实现对持票人进行实时精准定位跟踪和查询管理的新型门票。管理系统根据信息，自动记录每个观众在展厅的参观路线、在展品前的停留时间，并实时记录每个区域的观众总量，由此可以分析每位观众的参观习惯及对展览的喜欢程度，并以此为依据来调整和完善展览内容。数字化观众管理系统可为行业博物馆观众建立档案，收集个人行为并计算分析，通过观众档案管理、观众流量监控、观众聚集分析、观众反馈互动等功能，使行业博物馆能够准确掌握观众的基本信息和行为偏好，更有针对性地制定决策、完善展览、开展教育活动、开发文创产品。

（三）智慧服务

行业博物馆作为行业的宣传窗口和培训基地，其展览展示的内容以行业的文化建设和发展成就为主，与现代人的生活密切相关，将传统和现代相结合，贴近现实，贴近生活，具有极强的时代感，给观众以展望启示。但当前行业博物馆的展览形式偏于传统，多年没有变化，与当下的信息技术结合有限，观众数量与综合性博物馆相比较少，公众知名度和社会影响力相对较小。因此，行业博物馆智慧服务体系建设要以社会大众为服务主体，借助新技术、新媒体展示优秀的行业文化，构建高品质、沉浸式的轻松文化体验，创新展览形式，拉近行业博物馆与观众的距离，摆脱行业博物馆长期以来古板、守旧的形象，更快地进入公众交流与互动的发展道路。

1. 网站服务平台

行业博物馆的实体展厅受时间和空间的限制，使得许多精美的藏品屈居幕后，如何更好地体现博物馆的展示、教育、欣赏和研究的功能，更好地服务于社会和大众，推进博物馆的自身发展，是行业博物馆面临的突出问题。当前形势下，行业博物馆要努力搭建网站服务平台，让藏品通过网络与观众见面，让越来越多的观众通过网络了解行业博物馆，从而增加到实体馆参观的兴趣。

行业博物馆门户网站是能够提供多形式展示博物馆藏品的平台，可为相关业务部门工作人员提供便捷的行业文献史料查询、行业业务知识课件下载等服务，同时建立有效的互动沟通平台，更好地与社会公众沟通并收集反馈建议与需求。通过建立网上互动栏目，为社会公众认识行业、普及行业知识、弘扬行业文化及研究行业历史提供交流互动的平台。行业博物馆要利用独特的资源优势，可以考虑在网站上销售博物馆的文创产品，为企业经营服务。如中国铁道博物馆在网站上展示和销售博物馆开发的火车模型、拼图等独具行业特色的产品，宣传企业文化，助推行业发展。

越来越多的综合性博物馆已开通网上博物馆，目前较有特色和影响力的行业博物馆如中国审计博物馆，已在网站上开通虚拟博物馆。审计虚拟博物馆综合应用多媒体显示技术、2D、3D虚拟现实技术及网络传输技术，融合网页动态显示技术、360度全景技术、虚拟导览技术和3D互动技术，实现博物馆建筑结构和展厅布局360度展示，以及馆内漫游的虚拟化、藏品展示数字化等，具有强烈的真实感与沉浸感，达到模拟和再现场景的真实环境的效果。

2. 微信和APP

用微信公众号的形式，对行业博物馆公众服务平台进行推广，内容模块主要包括看展览、语音导览、活动与服务等，重点应增加与观众进行互动的功能。其中看展部分主要包括：展讯、虚拟展览、参观门票等内容；语音导览部分设计为：观众在回复展品说明牌的数字编码（或扫描二维码）后，能够实时收到展品图片、文字、语音等介绍信息，如点击播放按钮，即可直接收听讲解；活动与服务部分具体包括镇馆之宝、活动体验、电子书等内容（图一）。

APP是博物馆官方网站的"缩小版"，可以在博物馆的官网下载，也可在博物馆扫

博物馆研究

图一 具有精确定位和GPS技术"赛导游"手机自助导览系统

描二维码进行下载。APP里应包含博物馆地图、地图实时定位、数字虚拟展示、全景漫游展示、线上文创信息、展览推送信息等。

通过调研发现，很多行业博物馆已开发微信公众号和APP，但因为人力的缺乏和信息的短缺，造成公众号和APP的内容不能及时更新，因而粉丝取消关注，失去用户粘性。因此，博物馆应定期选取趣味性较强、适合手机阅读模式的文物信息或近期展讯对用户进行推送。当用户一段时间不再使用APP的时候，对其自动推送问候语，提高用户的粘性。

行业博物馆要基于互联网，实现线上平台与线下实体展览相融合，形成线上线下共享互动。要支持用户使用情况统计。当软件、微信、微博打开、运行、关闭后，后台应记录相应的用户、所在单位、使用频率、使用时长、藏品兴趣点等信息，形成行业大数据，为进一步提升博物馆文化服务水平、加强文化创意产品开发等提供决策支持。

3.实体展厅数字化提升

许多行业博物馆目前的展陈方式大多不能适应现代博物馆展陈的需要，实体展厅急需通过数字化展陈方式提升观众参观满意度。

实体展厅通过融入先进的数字展示科技，从而直观、生动地再现行业历史，并实现互动体验式的参观和学习。数字科技丰富的表现形式让传统的行业博物馆展览一改单调与沉闷的展示，以充满趣味性和互动性的展示方式提升参观者的兴趣，同时增强展示效果。

四、行业智慧博物馆建设存在的问题与对策

智慧博物馆建设是博物馆建设的大趋势，是一项涉及面广、标准要求高、投资数额大的系统工程。对于促进博物馆发展，增强博物馆活力所产生的作用毋庸置疑。但是，由于隶属关系的特殊性，行业博物馆在其行业内部大多处于附属地位，有的行业主管部门甚至把建设行业博物馆当成了负担，因此，实践中行业智慧博物

行业智慧博物馆建设的思考与探索

图二 地幕式数字化京广高铁演示沙盘

图三 高仿真动车组模拟驾驶系统

主动作为,从四个方面入手积极推进,取得了初步成效。

1. 总体规划,逐步植入。就已经建成和在建的行业博物馆而言,智慧博物馆建设很难一步到位。所以,在目标确定之后,要有长期规划,重点抓住建设初期和此后的展陈调整的时机,争取和利用有限的资金,将其中一部分展示内容,按照智慧博物馆条件设计,在整体展览陈列中有意地逐步进行植入。中国铁道博物馆从最初设计的动车组仿真模拟驾驶体验舱,到后来增添的京沪和京广高速铁路多媒体高清动态演示沙盘(图二、图三),都是在资金有限的条件下建设完成的。

2. 依托行业,共享成果。行业博物馆的展陈内容与其行业密切相关,而所属行业在品牌推介或企业文化宣传中,常常不惜投入较大的人力和财力进行精心策划、制作。形成的产品往往与博物馆展陈内容相吻合,直接或稍有变动即可在博物馆展陈中使用。中国铁道博物馆内展示中国高铁建设发展的3D影片、动车组核心技术三维演示等内容,就是共享了中国铁路参加上海世界博览会的成果。

3. 贴紧靠实,分享红利。近几年,国家针对文博事业的建设发展,出台了许多关于资金补贴和政策支持的办法。作为行业博物馆,应该结合行业智慧博物馆建设规划,研究相关政策,及时分享国家政策的红利。如中国铁道博物馆借助国家文物部门统一购买服务、为博物馆文物普查提供无偿服务的时机,配合文物主管部门及时更新管理系统,完成了全馆文物藏品信息规范化、标准化的数据采集,实现了与国家文物管理系统接轨。2017年,还与北京指触传媒公司合作,为博物馆免费设计安装了"赛导游"自助导览系统。该系

馆建设普遍会遇到不同程度的问题。如行业内部许多人认为行业博物馆就是为行业服务,展示行业的发展,而忽略了社会公众的需求;有的甚至认为博物馆作为行业推介产品的窗口,没有必要投入过多。除此之外,行业博物馆还普遍存在专业人才匮乏、运营资金短缺等一系列问题,导致行业智慧博物馆建设举步维艰。

尽管如此,许多行业博物馆依旧在智慧博物馆建设中,进行了深入思考和有益的探索。以中国铁道博物馆为例,长期以来,在智慧博物馆建设过程中,除了争取资金加大投入,建立微信公众号、手机APP、官方网站等,把许多实体展厅以外的文物信息对公众开放,还研究对策,

统以手机通过特殊室内精确定位和GPS技术，感知观众的位置信息和相关文物信息，实现自动感应讲解。参观者只要把手机放到口袋中就能获得真人讲解和体验。不仅提升了博物馆服务质量，还为今后接待观众数据采集、大数据运用等深度开发奠定了基础。

4. 发挥优势，合作共赢。行业博物馆专业人才数量普遍比较匮乏，有的甚至不能满足维持正常运营。新形势下，行业博物馆运营和服务逐步标准化和规范化，使得原本人员不足的问题更加突出，仅靠一己之力开展智慧博物馆建设较为艰难。拓宽渠道、加强合作是目前行业博物馆普遍采用的方法，中国铁道博物馆利用文创产品开发成果丰硕的优势，先后与天津文博艺术品销售有限公司、北京国铁晟达文化传播有限公司、北京文创科技有限公司等多家公司合作，推出了"互联网+"博物馆商店、"北京礼物"等博物馆文化创意产品的网上销售平台，把中国铁路特色文化带入了互联网传播平台，既实现了互利共赢，又推进了智慧博物馆建设的步伐。

五、结语

目前，智慧博物馆建设在我国尚处于初级阶段，博物馆距离实现智慧化任重道远，但是它已经成为博物馆界一个共同的话题。国内众多博物馆结合自身特色，不断做出有益的尝试，无疑会推进博物馆从数字化向智慧化的转型升级。行业博物馆虽然起步稍晚、发展略慢，在实现智慧化进程中依然存在众多的困难，但恰逢推动文化创新、建设文化强国的盛世，行业博物馆一定能在智慧博物馆建设中有所作为，更可以通过借鉴成功经验，并以本行业发展为助力，实现"弯道超车"，后来居上。

---

① 陈刚、李晨、祝孔强：《中国智慧博物馆研究》，载于《中国智慧博物馆研究报告2016》。

（作者单位：中国铁道博物馆）

北京长城文化带建设给延庆带来的机遇与挑战

范学新

延庆区地处北京市西北部，距市区74公里，东邻怀柔区，南接昌平区，西与河北省张家口市怀来县接壤，北与河北省张家口市赤城县相邻。全区平均海拔500米以上，气候独特，冬冷夏凉，素有北京"夏都"之称。区域总面积1993.75平方公里，其中山区面积占72.8%，平原面积占26.2%，水域面积占1%。下辖15个乡镇、3个街道办事处，常住人口31.4万人。长城穿越延庆区的8个乡镇、130多个行政村。

一、延庆长城现状及特点

延庆境内的明长城现存墙体179.1公里，其中夯土长城28.2公里，石砌长城103.7公里，砖石长城26.6公里；此外还有敌台473座、烽火台86座、关堡42处、遗迹21处。

延庆长城主要呈现出以下五个特点：一是长城实有墙体在北京市境内的长城中长度最长。北京市现存明长城526公里，其中延庆区境内现存明长城墙体就达179.1公里，占北京长城总长度的34%。二是长城建筑的形制丰富、防御体系完整。境内长城包括砖石长城、夯土长城、石砌长城等遗迹，由内长城、宣府东路边垣、南山路边垣、城堡、联墩、寨坡等构成了一个完整的纵深防御体系。延庆全区376个建制村，有116个村名字带"营""屯""堡"，明代长城防御体系的轮廓清晰可见。整个延庆可以说就是一个规模宏大、自然开放的长城实体博物馆。三是长城战略地位极其重要。延庆地处明代九边十一镇中的蓟镇、昌镇、宣府镇交会处，长城层层设防，是守卫京师和十三陵的重要军事屏障。四是长城沿线文化内涵十分丰富。除长城文化外，沿线有驿路文化、马文化、冶铁文化、红色文化等丰富的文化现象。五是延庆长城在世界上享有盛誉。八达岭长城作为国家5A级旅游景区，至今累计接待中外游客逾2亿人次，年接待游客近850万人次，累计接待世界各国元首、政府首脑513位，部长级以上官员8000多位，成为世界国宾接待第一景区，也是国家重要的国际政务接待平台和国际交往窗口。

二、延庆长城在北京长城文化带中的地位和价值

2017年6月，北京市第十二次党代会把"统筹长城文化带、大运河文化带、西山永定河文化带建设，精心保护好世界遗产，凸显北京历史文化的整体价值，强化'首都风范、古都风韵、时代风貌'的城市特色"写进党代会报告。2017年8月18日，北京市推进全国文化中心建设领导小组召开第一次会议，明确"一核一城三带两区"文化中心建设总体框架。经国务院批复的《北京城市总体规划（2016年—2035年）》也将推进"三个文化带"建设

作为北京全国文化中心建设的一项重要内容。

北京长城文化带是以北京地区长城为依托，以长城精神为纽带，融合自然生态要素和社会经济文化要素，传承历史、创造未来的带状文化区，是一个整体性的文化地域综合体。北京长城文化带行政区上包括延庆、昌平、怀柔、密云、平谷和门头沟的全部或部分地区。在这六个区当中，延庆区境内的长城具有更加重要的地位，主要体现在以下几方面：

1. 延庆长城是北京长城中最经典的段落。延庆北连朔漠，南扼居庸，地处京师畿辅要地，西控京师北大门，自古为兵家必争之地。古代著名的"太行八陉"中的"军都陉"就指的是经居庸关通往延庆的关沟古道，是古代北京通往西北的最重要的交通要道。延庆一直是中原汉民族与北方民族相互冲突、融合的过渡地区。比如东周时期的山戎，两汉时期的乌桓、鲜卑，长期活跃在这一区域，辽金元时期的契丹、女真、蒙古等都曾在此生息繁衍。延庆是辽金皇帝四时捺钵巡幸、驻跸之地。元代，延庆作为"腹里"之地，政治地位得到前所未有的提高，境内建有香水园、瓮山、流杯池行殿、车坊官园等皇家园囿。因仁宗皇帝生于延庆香水园，元延祐三年（1316），升缙山县为龙庆州。明王朝建立后，为了防御北元残余势力和其他游牧民族的侵扰，先后在明朝的北部防线设置了九个军事重镇，称为"九边"或"九镇"。明嘉靖年间，为加强京城的防务和保护帝陵（明十三陵）的需要，又在北京西北从蓟镇中分设了昌镇、在北京西南分设了真保镇，共计为十一镇，合称为"九边十一镇"。延庆正处于蓟镇、昌镇、宣镇三镇接合部，境内修筑了多道长城，形成了一个纵深严密的防御体系。其中关沟古道沿线以八达岭长城为代表的长城段落修筑得最为高大坚固，质量最好，成为长城建筑中的经典之作。

2. 延庆长城是国际交往窗口。如前所述，延庆境内的八达岭长城是中华人民共和国成立后最早进行修缮和对外开放的长城段落，是世界国宾接待第一景区，成为中国重要的国际政务接待平台和国际交往窗口。八达岭长城曾代表中国长城接受了联合国教科文组织颁发的世界文化遗产证书，接受了"世界新七大奇迹"的证书，成为中国长城的形象代表。

3. 延庆长城为两项世界级盛会提供文化支撑。2019年将在延庆举办中国北京世界园艺博览会，2022年北京和张家口将联合举办第24届冬季奥运会，延庆将作为重要赛事举办地。这两项世界级盛会使延庆成为全世界瞩目的地方。"长城脚下的世园会"和"长城脚下的冬奥会"成为办园和办会的宣传语和理念。目前，延庆区正在全力以赴地投入到2019年世园会和2022年冬奥会的建设当中。将长城文化引入世园、冬奥，在场馆和赛区周边营造长城文化氛围，在展会和赛事期间开展一系列具有浓郁地方特色和长城文化特色的文化展示和演出，向世人展示延庆深厚的文化底蕴和丰富内涵，长城文化将成为不可或缺的要素。

4. 延庆长城是京津冀协同发展的重要纽带。在京津冀协同发展、京张两地共同举办2022年冬奥会的大背景下，2017年6月北京市第十二次党代会提出了共建京张文化体育旅游带的构想。京张两地"地缘相接、人缘相亲，地域一体、文化一脉"，延庆地域文化与张家口地区一脉相承，尤其是长城文化，延庆地跨明代"九边十一镇"中的宣镇和昌镇，与张家口长城体系相连、长城文化相近，具有很多共同特征，在长城保护、研究、利用等方面有着广阔的合作空间。北京长城文化带延庆段尤其是八达岭长城及附近位于昌平境内的居庸关、南口是北京长城的精华所在，具有很高的遗产价值，"居庸之险，不在关城，而在八达岭"，这里的长城扼控京师西北咽喉，是发挥军事防御、贸易往来、文化交流、民族融合作用最充分的地段，在北京地区历史最悠久、体系最复杂、遗存最丰富，集中保存着历史上长城军事防御体系和民族贸易往来最为宝贵的文化遗产资源，将在京津冀协同发展、京张文化体育旅游带建设过程中发挥更加重要的桥梁和纽带作用。

综上所述，无论从长城历史价值、长城的知名度，还是从面临举办世园会和冬奥会，以及京津冀协同发展来看，延庆都处于北京长城文化带建设的关键节点，应该在北京长城文化带建设中发挥龙头引领作用。延庆长城文化是北京历史文化名城的有机组成部分，是京津冀协同发展的重要空间载体和文化纽带。

三、延庆长城文化带建设的目标

党的十九大再次强调："文化是一个国家、一个民族的灵魂。文化兴国运兴，文化强民族强。没有高度的文化自信，没有文化的繁荣兴盛，就没有中华民族伟大复兴。要坚持中国特色社会主义文化发展道路，激发全民族文化创新创造活力，建设社会主义文化强国。"延庆作为首都北京的一部分，在全国文化中心建设过程中，更是要紧紧抓住长城文化带建设的历史机遇，找准目标和定位，在长城保护、内涵挖掘、文化传承等方面寻求突破，打造中国长城的"金名片"。

延庆处于北京长城文化带和京张文化体育旅游带的重要历史地理结点，在北京长城文化带建设的大格局中，具有"贯通南北、横跨东西、俯仰古今、传承未来"的桥梁和纽带作用。因此，延庆应该围绕"一路两园三带五城多点"的发展思路将长城文化带建设向纵深发展，成为北京长城文化带建设的通津之枢。"一路"是指依托现有的公路网和正在建设的南山环线、昌赤路等，建设围绕长城沿线的绿道和慢行交通系统。"两园"指北京长城国家公园建设和大庄科冶铁遗址公园建设，重点围绕八达岭、大庄科冶铁遗址和长城文物保护、长城生态环境保护，推进国家公园体制和大遗址公园建设。"三带"指石峡、帮水峪沟域经济带，以大庄科"后七村"为核心的红色旅游带和九眼楼长城观光体验带。"五城"指做好榆林堡城、岔道城、柳沟城、永宁城、周四沟城的保护与利用。"多点"指做好长城沿线的小张家口、三司、营城、香屯、大观头、营盘、东边等传统村落文化挖掘、长城遗迹保护工作，逐步将延庆长城文化带建设成为覆盖全区的长城生态保护带、长城经济带和长城旅游带。

力争通过五年的不懈努力，使八达岭、柳沟、九眼楼等重要的长城段落和谷家营烽火台、下阪泉烽火台等长城附属文物得到保护修缮，使延庆长城体系的重要遗存得到有效保护。通过打造有国际影响的长城文化论坛、编排长城文化题材文艺作品等品牌活动，使延庆长城文化得到深入挖掘和弘扬。通过实施浅山区扩大绿色空间绿化工程和对直接与长城相连的40多个村庄进行环境提升，建设美丽乡村，使长城沿线的生态环境质量得到进一步提升。通过打造八达岭长城文化创意产业平台、京张铁路文化园、九眼楼长城文化景区等，使以长城文化为依托的产业得到良性发展。

四、北京长城文化带建设给延庆的机遇与挑战

北京长城文化带建设将给延庆带来难得的历史发展机遇。

一是长城遗存将得到进一步保护。"十二五"期间，延庆区争取北京市文物保护专项资金近3亿元用于长城保护。基本完成了大庄科段、八达岭段、石峡段、水关段和九眼楼段等1.3万余延米的长城本体抢险修缮工程，修缮长度占延庆区砖石长城总长度的30%，位列全市第一。根据规划，未来几年，延庆区西拨子村土边

长城、帮水峪段长城、大庄科段长城,以及长城沿线的城堡、传统村落等将得到进一步保护,延庆区长城保护状况将得到根本改善。

二是长城保护管理体系将得到健全。未来几年,延庆区长城"四有"档案将得到健全,长城监测体系将得到完善,长城保护队伍将不断壮大,长城管理将朝着数字化、智能化的方向不断迈进。

三是长城文化将得到深入挖掘。未来几年,对长城的认识将不断深入,对境内早期长城的调查研究将取得实质性成果,长城国家公园试点建设将初见成效,长城展示手段将更加科学合理,以"八达岭长城传说"为代表的非物质文化遗产将得到更好的弘扬。

四是长城沿线生态环境得到根本治理。未来几年,区内长城沿线的生态环境将得到修复,长城沿线水环境得到根本治理,长城沿线景观得到较好建设。

五是长城沿线的资源得到优化配置。未来几年,长城沿线的交通体系将更加完善,公路绿道和以自行车道、登山步道等为主的慢行交通体系日趋完善,长城沿线配套的医疗、旅游服务设施将得到全面提升,以长城文化为背景的国际交流日趋频繁,长城文化的国际影响力日益增强,长城文化产业将得到快速发展。

同时,延庆区在长城文化带建设过程中也面临诸多挑战。

一是保护理念上的挑战。延庆区境内现存明长城179.1公里,目前得到抢险修缮的长城仅13公里,占长城总长度的7.2%。还有很多长城段落存在严重的安全隐患,急需进行抢救性保护修缮。自前年辽宁修长城事件之后,国家文物局对长城修缮工程十分谨慎。每年批准北京市的长城保护项目只有五六项,而且修缮方案多以环境清理、遗址简单加固为主,坚持"最小干预"的原则。这无疑是有利于长城本体保护,但是与北京市长城文化带建设制定的预期目标相距甚远。长城保护修缮,应该根据长城修缮后的用途制定不同的标准,分为准备开放利用修缮标准和遗址原状保护修缮标准。这需要在保护理念上与国家文物局、市文物局,以及长城保护专家们达成共识。

二是发展观念上的挑战。根据《北京市长城总体保护规划》,延庆区内长城保护范围面积为261.5603平方公里,建设控制地带的面积为941.5509平方公里,两者共计1203.1112平方公里,延庆区总面积为1993.75平方公里,其中长城的保护范围和建控地带就占全区总面积的60.34%,涉及130多个村庄,甚至个别长城及附属文物的建控地带达到10余公里。北京市长城保护范围和建控地带的总面积为2815.0872平方公里,仅延庆区就占了42.73%。根据刚刚公布的《北京城市总体规划(2016年—2035年)》,北京市未来实现城乡建设用地规模减量发展,到2020年城乡建设用地规模由现状2921平方公里减到2860平方公里左右,到2035年减到2760平方公里左右。延庆区城乡建设用地规划也将由现在的110平方公里,减量到88平方公里。一方面建设用地指标在减少,另一方面有长城保护规划的限制,60%以上的区域内,建筑高度被控制在3.3米至9米。而且《北京城市总体规划》中又明确提出"对长城保护范围及建设控制地带内的城乡建设实施严格监管"。如何既减量发展又让建筑不超高,不能不说是一个很严峻的挑战。

三是管理模式上的挑战。未来几年,北京将推进北京长城国家公园体制试点建设,延庆作为试点区,将率先在八达岭长城落实实施国家公园管理体制。如何在国家公园体制下对不同隶属、不同经济模式、不同形态的企业、单元、镇村实施统一管理,如何处理好延庆区境内其他长城段落与长城国家公园之间的管理关系,也是今后将面临的实际问题。突破传统的管理方式,创新长城管理模式,同样也是延庆即将面临的挑战之一。

四是创新突破的挑战。众所周知，从全国范围来讲，延庆境内的长城保护最早、开放利用最早、知名度最高，对世界的影响也最大。在长城文化带建设过程中，如何在现有的高度上实现突破，真正发挥长城文化带建设过程中的龙头和引领作用，是延庆区面临的最大挑战。如何保持优势，在长城文化带建设过程中再创新的辉煌，值得我们认真思考。需要我们举全区之力、聚八方英才、谋发展大计，开启长城文化带建设的新篇章。

综上所述，延庆区在北京长城文化带建设中具有十分重要的位置，是关键的纽带和结点。长城文化带建设将给延庆区长城保护发展利用带来全新的机遇，同时，也将面对保护理念差异、发展瓶颈制约、管理体制变更等诸多新问题和新挑战，需要我们不断地去探索、去创新。我们要真正融入到北京"一核一城三带两区"全国文化中心建设的大战略，努力开创长城文化带建设的新局面，才能为北京"四个中心"建设做出更大的贡献。

（作者单位：延庆区文化委员会）

北京市文物局2017年四季度文博事业大事记

北京市文物局办公室

10月12日 由北京孔庙和国子监博物馆、临沂市文物局联合主办,沂南北寨汉墓博物馆提供展品,北京艺博汉通文化发展有限公司承办的"绣像儒风——孔子及弟子画像石拓片展"在北京孔庙和国子监博物馆开幕。

10月13日 市文物局、市园林绿化局召开长城文化带、西山永定河文化带建设工作例会,成员单位各部门、各区分别汇报了长城、西山永定河文化带近期工作情况,市文物局副局长于平传达了"北京市推进全国文化中心建设领导小组办公室第一次例会"精神,介绍前期牵头工作开展情况,并部署了下一步工作。市委宣传部产业处处长陈伟代表领导小组办公室就下一步工作提出要求。

由北京市古代钱币展览馆与北京市钱币学会联合举办的"龙行天下——钱币上的中国龙"展览在北京市古代钱币展览馆开幕。

10月18日 市文物局组织干部职工收看党的十九大开幕式直播,认真收听、学习习近平总书记代表十八届中央委员会向大会所作的报告,局党组成员、副局长于平代表局党组对下一步局系统认真贯彻落实十九大精神作出部署。

10月25日 北京城市副中心文物保护设施(通州临时考古工作站)正式开工建设。

10月26日 市文物局以视频会形式参加全市领导干部会议,会后,市文物局党组就学习宣传贯彻党的十九大精神进行了部署。

10月27日 北京市西周燕都遗址博物馆与甘棠文化研究会合作举办"忆甘棠重走召公之路——第二届召公文化节"活动,内容包括甘棠文化研究会向西周馆捐赠召公像和"甘棠遗爱"纪念碑、举办燕召甘棠文化丹青雅集笔会等。

10月30日 市文物局召开学习贯彻十九大精神干部大会,来自局系统的5位代表围绕学习贯彻党的十九大精神进行交流发言。局党组书记、局长舒小峰出席会议并讲话。

11月3日 市文物局召开局党组理论学习中心组专题学习会,局领导班子成员、机关各处室负责人和部分局属单位负责人集中学习了新修订的《中国共产党章程》和十九大报告全文,进一步深入领会党的十九大精神。

11月8日 市文物局党组书记、局长舒小峰主持召开党组理论学习中心组扩大会,集中学习市委十二届三次全会精神。

11月9日 市文物局、市消防局组成专项督查组,对朝阳区东岳庙、东城区清陆军部和海军部旧址、崇礼住宅三处全国重点文物保护单位进行文物消防安全现场督察。

市文物局召开"北京中轴线保护规划专家研讨会",听取编制单位的汇报,孔繁峙、王力军、赵中枢、边兰春、王岗、李建平、崔学谙、王军、韩永等各领域专家,就北京中轴线的文化内涵、遗产构成、文物活化、整体保护和缓冲区内影响风貌建筑的整治力度等提出了意见和建议。文物建筑专家王世仁也向专家会传达了宝贵意见。

市反腐倡廉建设领导小组对市文物局党风廉政建设工作进行检查考核。

11月12日 市文物局与中国博物馆协会主办的"不忘初心砥砺前行——京津冀中小博物馆文化创意展"在正阳门开幕,展出来自京津冀多家博物馆的145件文创产品。

11月14日 市文物局召开党组理论学习中心组学习扩大会,学习传达《中共中央政治局关于加强和维护党中央集中统一领导的若干规定》《中共北京市委关于认真学习宣传贯彻党的十九大精神的实施意见》等文件精神和"蔡奇同志在市委办公厅会议处党支部集中学习时的讲话"。

11月20日 市文物局专题传达全市清理整顿重大火灾隐患现场会、全市安全隐患大排查大清理大整治专项行动部署电视电话会精神,对有关工作再动员、再部署。市文物局党组书记、局长舒小峰强调要认真吸取事故教训,确保全市文博系统安全稳定。

11月21日 市文物局召开局系统处级以上领导干部会,专题传达中央、市委关于加强和维护党中央集中统一领导、贯彻落实八项规定的重要文件精神,传达市委对北京农产品中央批发市场管理委员会党委、领导班子成员及其上级党组织失职失责严重违反党纪问题进行问责的通报。市文物局党组书记、局长舒小峰出席会议并提出具体要求。

市文物局召开文物安全工作部署会,安全保卫处就11月以来局属单位开展对检互查工作情况做了阶段性总结,并对各单位的文物安全工作提出了进一步要求。

11月22—24日 按照市直机关工委要求,组织专职副书记、纪委书记、工会专职副主席、试点支部书记参加市直机关党务干部学习贯彻党的十九大精神专题研讨班。

11月23日 市文物局召开全市文物安全隐患大排查大清理大整治专项行动动员部署会,市文物局党组副书记、副局长崔国民要求全市文物系统要认真汲取火灾教训,深入贯彻落实市领导指示精神,深化对文物安全工作的重要性和必要性认识,切实落实文物安全监管责任,加大执法查处力度,严格责任追究。

11月24—26日 "2017北京·中国文物国际博览会"琉璃厂分会场举办了系列活动,包括"三辅丹青——京津画派"公益画展、全国国有文物商店文物艺术品交流会、现场鉴定等。

12月1日 市文物局完成第三批公共服务事项移交至市政务服务中心全程办理工作,涉及"文物保护单位建设控制地带内建设工程设计方案审核""拍卖企业经营文物拍卖许可""国有文物收藏单位之间因举办展览、科学研究等借用馆藏文物备案"等22项公共服务事项。

景山寿皇殿建筑群古建修缮工程完工,工程包括寿皇殿正殿、配殿、神厨等,修缮面积共计21256平方米。

12月2日 北京市领导听取市文物局对中轴线申遗工作的汇报,对增设"中轴线申遗专项工作组"、相关文本、增加领导职数和机构编制4项请示事项基本同意。

12月6—7日 市文物局副局长于平率队赴山西大同参加第二届"京晋冀鲁豫文物建筑保护理念与对策研讨会",并结合推进全国文化中心建设工作向与会代表汇报北京市文物保护工作的总体形势和新的举措。会议原则通过了《京晋冀鲁豫文物建筑保护利用倡议书》。

12月8日 市文物局系统处级干部学

习贯彻党的十九大精神专题培训班顺利结束，机关各处室、局属单位领导103人参训，市文物局局长舒小峰、副局长崔国民分别作总结讲话。

12月9日 市领导调研中轴线，先后视察了先农坛（古建馆）、西四北历史文化保护区、京师大学堂建筑遗存，并在景山街道办事处召开会议。市文物局局长舒小峰陪同调研。

12月12日 市委组织部对市文物局党组工作条例执行情况进行检查考核。

12月14日 2017年北京市考古成果媒体沟通会在圆明园举行，市文物局副局长、新闻发言人于平与局文保处、市文物研究所、圆明园管理处相关代表介绍了2017年北京市各类考古发掘项目总体情况与圆明园紫碧山房考古新发现，并回答记者提问。

市文物局、市园林绿化局召开西山永定河文化带建设工作例会，规划编制单位汇报西山永定河文化带保护建设规划思路及西山永定河文化带保护建设五年行动计划修改情况，成员单位各部门、各区及市教委、市科委、市地方志办、市档案局等单位分别发表意见，市文物局党组书记、局长舒小峰作总结发言，市委宣传部产业处处长陈伟同志代表领导小组办公室出席会议。

北京城市副中心文物保护设施（通州临时考古工作站）主体建筑工程竣工验收。该工程位于路县故城遗址西南，集文物的存放、保管、科研为一体。

12月21日 国家文物局公布15个"2017年度文物行政执法指导性案例"，石景山区文委执法的"北京市文物保护单位西山八大处之灵光寺建设控制地带内进行建设工程案"和密云区文委执法的"北京市密云区大城子镇北沟村民委员会擅自在全国重点文物保护单位长城（密云段）保护范围内进行施工建设案"入选。

12月25日 市文物局党组书记、局长舒小峰主持召开党组扩大会议，专题传达学习中共北京市第十二届委员会第四次全体会议精神。舒小峰同志要求，全局各级党组织要认真学习贯彻全会精神，确保把全会精神传达到每一名党员。

由市文物局与北京博物馆学会共同主办、首都博物馆承办的"我看博物馆——镜头中的文物与科技"公益摄影大展在首都博物馆开幕。

12月25—29日 市文物局党组印发《关于对局系统各单位落实党风廉政建设责任制情况检查的通知》，由局领导班子成员带队，分为六个党建工作组，分别对局属各单位党组织2017年党风廉政建设责任制落实情况进行监督检查。

整理：伊凡